JN096697

あなたの介護は誰がする？

介護職員が育つ社会を

川口啓子 著

イラスト：ホンマヨウヘイ

序章

私の介護は誰がする？

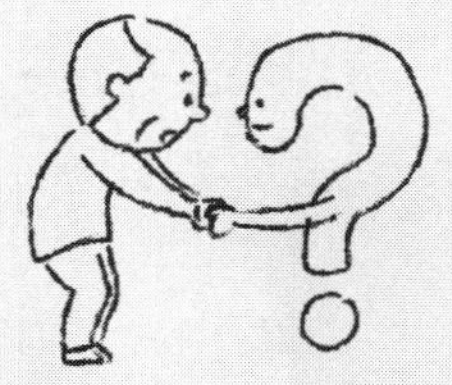

親の介護が終わったとき、ふと思いました。私の介護は誰がするんだろう……と。

歳を重ねる以上、介護は誰にでも迫りくる事態です。5年、10年はあっという間。そろそろ自分の番が迫っています。

あなたの介護はどうされますか。ピンピンコロリを望みますか。健康寿命を延ばしますか。統計上は、健康寿命を延ばせば平均寿命も延びますが、あなたのピンピンコロリはかないますか。それとも、「施設に入るから大丈夫」「ヘルパーを頼むから大丈夫」でしょうか。

たぶん、大丈夫ではありません。なぜなら、介護をめぐる最も深刻な問題は介護職員の不足、担い手不足だからです。

なぜ、介護職員は不足するのでしょうか。賃金が低いからでしょうか。

『朝日新聞』（2023年6月16日付）は、「介護職員の給与、1.7万円増 全産業平均と依然格差」という見出しで、介護職員の処遇改善はなされているものの、その平均賃金は月額318,230円。全産業平均に4万円ほど及ばないと報じました。SNS上には、「318,230円って、どこの平均？」「そんなにもらったことありません」など、訝る声もあがります。

2024年2月にも賃上げが実施されましたが、「月6,000円が妥当」という厚生労働大臣の発言（『日本経済新聞』2023年10月19日付）があり、「一桁、間違えてるの？」「10万円増やしても足りないよ」といった声がSNSに多数登場しました。まだまだ、現場との乖離を感じさせます。

加えて、ヘルパーらによる処遇改善を求めた裁判においては、ヘルパーの移動・待機・キャンセルには賃金が支払われないことを妥当とする判決が出ました[1)]。これは、妥当なのでしょうか。この判決によって、さらに担い手

1）現役のホームヘルパー3人による「ホームヘルパー国賠訴訟」のこと。東京地裁に続いて、東京高裁でも請求が棄却されました（2024年2月2日）。介護保険の問題を認めつつも、です。

不足に拍車をかけることにならないでしょうか。

介護職員の不足が大問題で処遇改善を求める声が大きいにもかかわらず、上記のような発言や判決がまかり通っています。このような状況で、介護職員の不足は解消できるのでしょうか。あなたの、私の介護の担い手は現れるのでしょうか。

厚生労働省「雇用動向調査」によると、介護の入職率から離職率を引いた「入職超過率」がマイナス1.6％になりました（2022年）。増え続ける要介護者に比べてただでさえ不足する介護職員ですが、さらに就職する人より離職する人のほうが多くなったという結果です。

では、これほどの介護職員の不足にもかかわらず、賃金が低いままなのはどうしてでしょうか。

この要因の一つに、「誰でもできる仕事」だから、という声を聞くことがあります。だから、誰でもいいから「質より量」になってしまうのでしょうか。国の制度でも無資格者の就労を容認しています。人手不足が続く事業所も、無資格者を雇用せざるを得ません。そのため、「誰でもできる仕事だから就職した」という認識の職員が皆無とはいえない状況です。そのことがなおさら介護の質の向上を妨げ、「誰でもできる仕事」という世間の認識を払拭できないままにしています。

一方、「誰でもできる仕事」といわれるにもかかわらず、介護には重い責任がのしかかります。

2023年11月、90代施設入所者の誤嚥死亡をめぐる裁判では、介護施設の職員が予防義務を怠ったとして、施設側に2,365万円の支払いを命じる判決が出されました[2)]。この判決について、あまりにも高齢者の状態や現場の実情を踏まえていないと、介護関係者だけでなく医療従事者からも憤慨する声があがりました。

「この判決が妥当なら、胃ろうで寝かせきりにするしかない」

「お正月にお餅を詰まらせても、家族は責任問われないのに……」

「裁判官は、高齢者の誤嚥を防ぐ食事介助をやって見せてほしい」

低賃金の上に重い責任を背負わせながら、世間にはびこる「誰でもできる仕事」という認識。

介護が「誰でもできる仕事」なら、「誰もが」すればいいのです。「誰もが」すれば、社会問題にはなりません。介護の不安も生まれません。でも、「誰もが」しようとせず、「誰かに」介護と介護の責任を押しつけようとしています。

確かに、車イスに移乗するのも、移動するのも、覚えれば「誰でも」できる動作です。認知症のある人の隣に座って話を聞くという動作は、「誰でも」できます。でも、どれくらいの時間そこに座って話を聞くことができるでしょうか。話を聞いた後、何をどうできるのでしょうか。

介護の本質は、動作にあるのではありません。介護職員は、さまざまな動作と並行して、本人の表情を観察し、心情に寄り添い、想いを受け止めます[3)]。そして、最適な介護を考え、提供に努めます。重度化しないよう、要介護度が改善するよう、QOL（Quality of Life：自分らしい暮らし、人生の質）が高まるように、と。

ところが今、国家資格である介護福祉士の養成校が激減し、専門職の育成は窮地に立たされています。人手不足が続く施設・事業所の撤退も相次いできています。この状況が続く限り、家族介護は終わりそうにありません。自

2）誤嚥による死亡事故が起きたのは、2021年7月のことです。施設側は、広島地裁の判決（2023年11月6日）を不服として控訴しました。

3）介護職員は、必ず利用者のアセスメントを行い、ニーズを把握しようと努めます。そのためのツール（ICF：国際生活機能分類）の学習と活用も必須になってきています。

分や家族の老いと、どう向き合えばよいのでしょうか。介護を受けながらも最期まで自分らしく暮らすにはどうすればよいのでしょうか。

残念なことに、介護にはよく「大変」「壮絶」などの形容詞がつけられます。「やっかいなこと」という発想から抜け出せていません。少なくない人々が、老いや要介護を「迷惑な存在」になることだと認識しています。この認識をそのままに、介護職員の不足を賃金の問題だけに矮小化すべきではありません。この認識を克服できない限り、高齢者を「迷惑な存在」と見なす社会が続いてしまいます。このままでは、高齢者のみならず、病気と闘っている人、障害のある人、妊娠中の人、目が離せない子どもたちまで、ケアを必要とする人々を迷惑がる社会、排除してしまう社会を野放しにしてしまうのではないでしょうか。

厚生労働省『令和5年版厚生労働白書』には、ひきこもりや「8050問題」、ヤングケアラーなど、制度の狭間で複合的な支援を必要とする人の顕在化を示しながら、「制度から人を見るのではなく、〝その人を支えるために何が必要か〟という観点が大切」という認識が示されています。その認識を、政府・厚生労働省は具体的な施策として展開する義務があります。ケアを必要とする人々が肩身の狭い思いをせず、不安なく生きられる社会が求められています。

「あなたの介護は誰がする？」という問いは、おそらく高齢者の範疇にとどまることはないでしょう。あらゆる局面で格差が広がる今日、少なくない人々が生きづらさを抱えています。生活難民になるかもしれません。「ケアを必要とする人々のケアは誰がする？」という問いになって跳ね返ってくるような気がします。

介護保険が施行されてから20年以上が経過しました。いまだ、安心して老いることができる社会になったとは思えません。近い将来、あなたも私も介護難民になる可能性は十分にあります。しかも、高齢者介護は今だけの現象ではなく、数十年、もしかしたら百年向こうの未来にも続きます。

人類は、誰もが老い・衰え、まだまだ寿命が延びることもわかっているはずです。

それなら、ある日突然、介護に直面して狼狽えるのではなく、老い・衰えるプロセスを学び、人類社会に不可欠な備えとして介護のある社会を創らなければならないはずです。

高齢者にとどまらず、人が人を護るために人に手を差し伸べるケアのある社会を創らなければならないはずです。

超高齢社会の今は、そうした人類史の画期としてとらえるべき時代であると思います。

「あなたの介護は誰がする？」という問いは、避けて通れない問いです。

今、問い続けることに意味があると思います。

第 1 章

「自宅で最期まで」という権利

古くから、還暦、古希、喜寿、傘寿、米寿、卒寿、白寿など慶事として語られる長寿は、今もあたたかい文化として続いています。

ところが、私たちを取り巻く日常には、それとは異なる高齢者観もあります。「加齢臭」や「老害」など、老いを嫌悪するような言葉を耳にします。たとえ悪意はなくても、どこかしら「嫌がられているんだろうな……」と思わせる空気になって、高齢者の居場所を狭めているような気がします。高齢者自身が老いや要介護に直面して「迷惑かけてごめんね」と言ってしまう現実も、この延長上にあるような気がします。

このような高齢者観は、超高齢社会を生きる人々にどう作用するのでしょうか。長生きすることを遠慮させ、あたりまえの権利を放棄させてはいないでしょうか。

[1 高齢者は「枯れ木」じゃない]

高齢化率が伸長した1970年代から80年代にかけて、高齢者の社会的入院といわれる現象が国の財政を圧迫するようになりました。「これでは先が思いやられる」とばかりに、福祉元年（1973年）を宣言した直後の日本は、逆方向へと大きく舵を切りはじめます。

「乳牛は乳が出なくなったら、屠殺場へ送る。ブタは八か月たったら殺す。人間も働けなくなったら死んでいただくと、大蔵省は大変助かる」[1)]

当時の政治家はこう発言し、高齢者の医療は「枯れ木に水をやるようなもの」と揶揄しました。

その後、70歳以上の治療には診療報酬点数を低く設定するという制度[2)]の導入に至ります。医療現場に押しつけられた年齢差別です。それまで長寿として敬われていた高齢者に、少しずつ「枯れ木」のイメージが塗られてい

1）1983年、当時の大蔵大臣の発言です。

2）「社会的入院」といわれた高齢者の入院については、一定期間を過ぎると入院時医学管理料など診療報酬が下がるという経済的誘導が行われました。

きました。

それから数十年。日本社会は超高齢社会へと突入し、2000年には介護保険制度がスタートしました。コロナ禍の時期にも、ワクチン接種など高齢者優先の対策がとられていました。

では、年齢による命の選別はなくなったのでしょうか。そんなことはありません。「高齢者は後回し」という世間の空気は残っています。

2020年6月、「私は若い人に高度医療を譲ります」と記載された「集中医療を譲る意志カード」が物議をかもしました[3)]。2021年4月には「高齢者は入院の優先順位を下げざるを得ない」[4)]というメールが大阪府内の保健所に送信されてしまいました。

このような事態をすんなり受け入れる高齢者もいます。おそらく、少数ではないでしょう。長生きを遠慮させています。高齢者が「枯れ木」といわれたころから世間に漂う空気が今に続き、介護を忌避するような社会をつくってしまったのではないでしょうか。この空気を変えない限り、介護の担い手はなかなか現れません。

[2 人権意識のアップデート]

「要介護者＝迷惑」と考えるのは、実は「障害者＝迷惑」という差別意識と同じです。なぜなら、要介護者は中途障害者だからです。

脳梗塞で麻痺が残った場合は、肢体不自由です。緑内障で視野が欠損したら視覚障害、補聴器が必要になったら聴覚障害、認知症なら精神障害です。

「障害者＝迷惑」などと思ってはいない人でも自分が要介護になると、「迷惑かけるから……」と言ってしまいます。長い年月、健常者として過ごし

3) 患者が示す意志カードで、一般社団法人日本原子力発電所協会が発行しました。「命の選択」を迫られた場合に医療従事者の精神的負担を減らすことを目的につくられたものです。

4) 大阪府健康医療部医療監が発信したメール（2021年4月19日）。大阪府は、府の方針ではないと撤回、謝罪しました。

てきた高齢者にとって、自分を障害者であると思えなくてもしかたありません。ですから、あらためて知ってほしいのです、要介護者は障害者である、ということを（図表1-1）。

さて、「要介護者＝迷惑」と思ってしまうこの高齢者観は、「枯れ木に水をやるような」発言と本質的には同じです。高齢者自身が自らを社会に不要な「枯れ木」に位置づけています。要介護であっても最期まで自分らしく生きる権利はあって当然のはずですが、その意識が芽生える前に権利を放棄しています。それどころか、これを美徳のように、「日本文化」のように扱います。つまり、今の日本には、このレベルの人権意識しか育っていないのです。これからますます多くなる高齢者の人権意識がこのまま推移するなら、高齢者にとどまらず、障害者をはじめとする社会的弱者への差別はなくならないでしょう。

図表 1-1　障害の種類

<table>
<tr><td rowspan="5">身体障害</td><td colspan="2">身体障害者福祉法（身体障害者手帳の交付）</td></tr>
<tr><td>①肢体不自由</td><td>手足（一部または全体）がない、手足に拘縮や麻痺があるなど。</td></tr>
<tr><td>②視覚</td><td>見えない、視力が弱い、視野が狭いなど。</td></tr>
<tr><td>③聴覚・言語障害</td><td>聞こえない、聞こえにくい、言語コミュニケーションが困難など。</td></tr>
<tr><td>④内部障害</td><td>心臓や腎臓など、内臓機能のはたらきに障害があるなど。</td></tr>
<tr><td rowspan="2">知的障害</td><td colspan="2">知的障害者福祉法（療育手帳の交付）</td></tr>
<tr><td colspan="2">知的機能のはたらきに障害があり、計算ができない、漢字の読み書きがむずかしい、抽象的な話がわからないなど。以前は「精神薄弱」と呼ばれましたが、差別的な語感が強く、1999年の法改正によってすべて「知的障害」に改められました。</td></tr>
<tr><td rowspan="2">精神障害</td><td colspan="2">精神保健及び精神障害者福祉に関する法律（精神保健福祉手帳の交付）</td></tr>
<tr><td colspan="2">精神疾患のために精神機能が障害され、日常生活や社会参加に困難をきたします。高齢者の認知症もこの範疇です。他に、アルコールなどの依存症やうつ病、双極性障害、強迫性障害、摂食障害、統合失調症、発達障害などが対象です。</td></tr>
</table>

- 障害者基本法 第2条の1　障害者の定義「身体障害、知的障害、精神障害（発達障害を含む。）その他の心身の機能の障害（以下「障害」と総称する。）がある者であって、障害及び社会的障壁により継続的に日常生活又は社会生活に相当な制限を受ける状態にあるもの」
- 上記の条文に年齢区別はなく、高齢者も含まれます。要介護4以上の在宅介護の場合、特別障害者手当を受給できる可能性があります。ただ、多くの国民にとって、障害に関する法や定義、種類、支援の仕方などを学ぶ機会はほとんどありません。

出所：『系統看護学講座 専門基礎分野 健康支援と社会保障制度（3）社会保障・社会福祉』医学書院（2022年）をもとに筆者作成

言うまでもなく、高齢者は「枯れ木」ではありません。介護も「枯れ木に水をやる」仕事ではありません。要介護者の尊厳を護り、その人らしい暮らしを支えることが介護の使命です。この本来の使命を全うできる介護職員を育むには、「要介護になったら迷惑だから……」という高齢者観を克服してほしいのです。そうして初めて、介護は権利を護る仕事になります。介護を受ける人・する人、お互いの権利を護り合います。

ですから、高齢者は「要介護になったら迷惑だから……」と言わず・言わせず、人生の終盤をどう生きるか、どう暮らしたいか、権利として主張してほしいと思います。

介護は、自立支援です。毎朝、お気に入りのモーニングカップでゆっくりコーヒーを飲むという1日のはじまりが自分らしい暮らしの一端であるなら、介護職員はその暮らしを支えようとします。要介護者は、「お世話になる」という受け身ばかりの存在ではありません。介護という支援を受けて自立する権利主体です。

義務と権利は引き換えじゃない！

「義務を果たさない限り、権利は得られない」というような主張をする人もいますが、そうでしょうか。人は生まれながらにして基本的人権（人として生きる権利）が保障されるべき存在です。義務は義務、権利は権利です。あえて義務を語るなら、それは「互いの人権を護り合う義務」ではないでしょうか。

人権の範囲や内実、主張の方法やツールも、時代や社会の変化に応じて進化します。クオリティを上げながら普遍性を備え、次世代に引き継がれていきます。

一昔前までは泣き寝入りだったセクハラやパワハラも「人権侵害です」という主張になり、多くの人々の共感を呼びました。＃ Me tooは、世界中に広がりました。基本的人権の内実を前進させた現象、人権意識のアップデートです。

3 「ボケたら施設に……」と言うけれど

「ボケたら施設に入れてほしい」という話をよく聞きます。認知症も「迷惑」というネガティブな言葉とともに、高齢期未満の人々の不安を煽ります。

「家族に迷惑をかけたくない」「ご近所に恥ずかしい」など、施設入所を望む理由はそれぞれにあると思います。ですが、先に述べたように、介護職員は不足しています。認知症になったからといって、そうそう施設に入所できるとは限りません。むしろ、扱いにくいことを理由に断られる事態も起きています。

「ボケたら施設に入れてくれって、今から子どもたちに伝えているんです」と、自慢げに話す人もいます。でも、入所が必要なほど認知症が進んだころには、自分自身が「ボケたら施設に……」と言っていたことなど、おそらく覚えていないでしょう。きっと、「まだまだボケてない」「施設に入らなくても大丈夫」と言い張ります。こうなると、施設入所はもはや本人の意思ではなく、家族にとっての問題解決です。

この「ボケたら施設に……」という言葉が高齢者の遠慮とはいえ、見方を変えれば最期まで自宅で暮らす権利を安易に放棄することになりませんか。このような価値観を次世代に引き継いでいいのでしょうか。

誰もが歳をとります。介護を受けながら最期まで自分らしく自宅で暮らす、これをかなわない希望に終わらす必要はありません。かなえるべき権利です。その権利を支える介護職員が次々に育つ社会、そんな社会こそ次世代に引き継いでいきたいと思います。

4 施設に入ったほうが安心？

「施設に入ったほうが安心だから……」。この言葉もよく聞きます。要介護者だけでなく、家族からも、介護に直面していない若い世代からも。

でも、その「安心」は誰にとって、何の「安心」なのでしょうか。入所経験もないのに、どうして「安心だから」と言えるのでしょうか。

一口に施設といっても、民間営利企業の有料老人ホームから社会福祉法人の特別養護老人ホーム（特養）まで、根拠法、経営主体、事業種別、介護保険サービス、保険外サービス、ケアの考え方、日中の過ごし方、職員の力量、ケアの質、環境・設備、費用など、諸々のことが多種多様に異なります。

「医療的ケアはできません」「認知症になったら退所してください」「看取りはしません」と言われることもあります。なかには、「経営難で閉鎖します。退所（転居）をお願いします」という例もあるのです。必ずしも終の棲家になるとは限りません。

自宅を処分したお金で有料老人ホームに入る人もいますが、施設は程度の差こそあれ集団生活です。嫌になっても帰る家はありません。人間関係に悩みながら最期を迎える人もいます。

もちろん、施設に入ることが当の高齢者にとって、何より「安心」につながる場合もあります。誰にとって、何がどう「安心」につながるのか、イメージや思い込みや「美徳」に惑わされず、立ち止まって考えてみる必要がありそうです。

雨に濡れたの、何年ぶりだろう……

実習生が利用者を散歩に連れ出したときのことです。途中で雨が降ってきました。慌てて施設に戻ろうとしたとき、利用者が言いました。

「雨に濡れたの、何年ぶりだろう……」

老人ホームで暮らすというのは、こういうことです。どうしても安全が最優先で、ほぼ屋内の暮らし。館内は24時間自動換気です。温度も湿度も一定で、雨風にあたることはありません。季節を感じることも限られるでしょう。外へ出ようにも、エレベーターには暗証番号、自動ドアは事務所の操作など、ふだんの暮らしにはない環境に置かれます。

安全を守ることは何より大切です。何より大切なのですが、安全は自由の権利制限と紙一重の側面をもつのです。

5　迷惑をかけてはいけない？

「施設に入ったほうが安心だから……」とセットでよく出る言葉に、「家族に迷惑をかけられないから施設に入りたい」があります。

言い換えると、施設なら「迷惑」をかけてもいいということでしょうか。悪意がないのはわかりますが、介護施設・事業所とそこで働く職員に対して失礼な表現ではないでしょうか。施設は、「迷惑」の受け皿ではありません。介護の仕事は、「迷惑」処理業務ではないのです。介護の担い手が育たない要因は、このような悪意のない言葉からも生まれる気がします。何気ないこの言葉が、介護という仕事の社会的地位を貶めているように思います。

私たちは確かに「他人様（ひとさま）に迷惑をかけてはいけない」と言われて育ってきました。でも今、この考え方が行きすぎて、「他人の助けを借りるな」「自分で何とかすべき」という自己責任を助長してはいませんか。ときには、「私に迷惑かけないで」と、他者を寄せつけない感情に転化してはいませんか。

「誰の助けも借りるな、1人で生きろ、1人で死ね」

そこに安心はありません。高齢者が「迷惑をかけられない」と言えば言うほど、老いを「迷惑がる」社会が野放しになります。安心はますます遠のいていきます。

「他人様に迷惑をかけない」こと以上に、「他人様を傷つけない」ことを大切にしませんか。介護を受けることは、決して「迷惑をかける」ことではありません。「迷惑ではない」から、だから要介護者の暮らしを護る仕事、介護の仕事が成立します。

6　延命治療は望まない

「完治が見込めない病気の場合に迎えたい最期の場所」を尋ねる設問には、「自宅」という回答が最も多く、男性59.2％、女性43.8％を占めます（図表1-2）。

「どこで（場所）どのような（体制）介護を受けたいか」を尋ねた設問も、場所については「自宅」が多数派で、男性は合わせると73.9％、女性は73.1％を占めています（図表1-3）。

図表 1-2　完治が見込めない病気の場合に迎えたい最期の場所

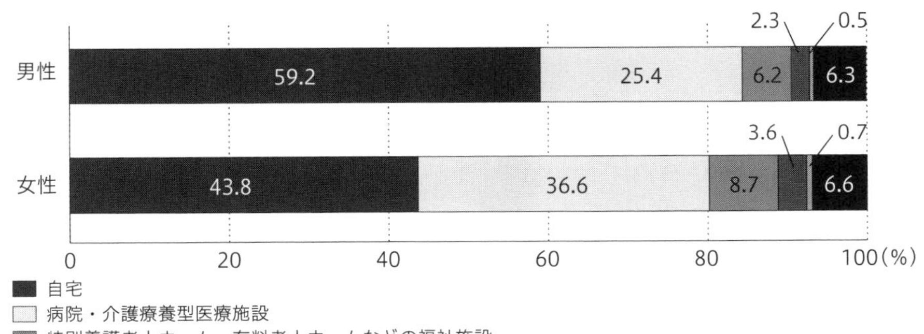

出所：内閣府『令和元年版高齢社会白書』をもとに筆者作成

図表 1-3　どこで（場所）どのような（体制）介護を受けたいか

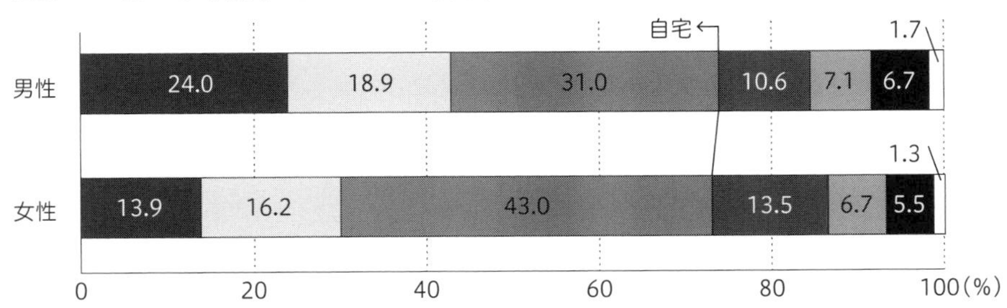

出所：内閣府『平成 30 年版高齢社会白書』をもとに筆者作成

図表 1-4　延命治療に対する考え方

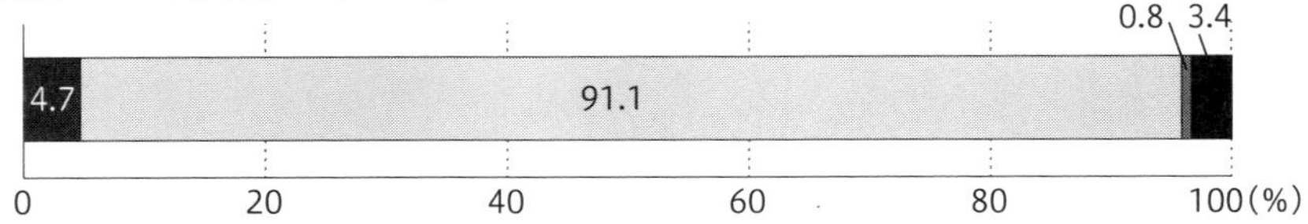

少しでも延命できるよう、あらゆる医療をしてほしい
延命のみを目的とした医療は行わず、自然にまかせてほしい
その他
わからない

・グラフは2012年の数値ですが、今日においても「延命のみを目的とした医療を望まない」層は増加しています。

出所：内閣府『平成 25 年版高齢社会白書』をもとに筆者作成

延命治療に対する考え方では、「延命のみを目的とした医療は行わず、自然にまかせてほしい」という回答が91.1％と圧倒的多数です（図表1-4）。

ただ、この想い、なかなかかないそうにありません。

望まない死に方

要介護１だったＡさん（87歳・女性）は、夫も子どももなくひとり暮らし。在宅介護を受けながら「自宅で最期まで」と考えていました。ある日、けいれん発作を起こし、そばにいたヘルパーが救急車を呼びました。搬送先で検査を受け、結果は脳腫瘍。早期に手術を受けることができました。

術後の意識は、はっきりしていました。伝え歩きでトイレにも行けます（なのに、オムツをつけられましたが）。食事も普通にとれます。お箸を持つこともできましたし、嚥下も問題ありません。元気に自宅へ戻るはずでした。

ところが、左手にしびれが出はじめ、お茶碗がうまく持てません。食事が十分にとれず、病院は胃ろうを提案します。でも、Ａさんは「胃ろうは嫌です」と伝えました。そこで病院がとった手段は、経鼻経管栄養です。医学的には正しいのかもしれませんが、Ａさんは口から食べたいという気持ちを伝えきれないまま、管につながれてしまいました。管を抜かないよう、自由な右手はミトンで拘束されます[5]。

Aさんの1日は、ほとんどベッドの上になりました。尿意を訴えても、「(オムツなので) そこでしてもらって大丈夫ですよ」と言われます。トイレに立つことすら奪われ、両足の力もどんどん萎えていきました。あっという間に、要介護5です。救急搬送、手術、寝たきり。絶望的な気持ちのまま、半年後に亡くなりました。望まない死でした。

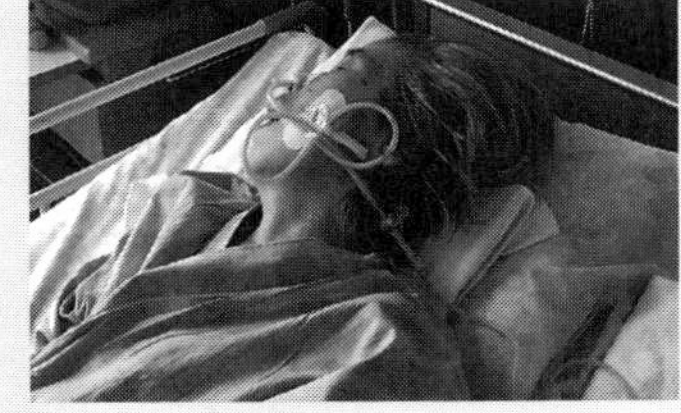

ふだんから「自宅で最期まで」と思っていても、私たちはどこでどう伝えればいいのでしょうか。Aさんのように、いざとなったらなす術のない現実があります。

入院中は介護保険が使えない?!

Aさんの場合、病院内のリハビリはあっても1日30分程度。ほとんどベッドの上で過ごすため、ADL（日常生活動作）の維持は困難でした。

せめて、ヘルパーが食事介助をすれば、Aさんは経口摂取を続けることができたかもしれません。でも、制度上、入院中は介護保険が使えません。食事介助のヘルパーを頼むと全額自費。年金暮らしでは不可能です。入院中でも介護保険を効果的に使えるような制度設計が必要です。

死亡場所の変化

図表1-5は、死亡場所別にみた構成割合の年次推移です。日本の病院死（診療所含む医療機関の死）の割合は66.4％で（2021年)、国際的にみると高い数値だそうです。

5）胃ろうや経鼻経管栄養によって体力をつけ、経口摂取に戻る事例はめずらしくありません。胃ろうも経鼻経管栄養も「延命のみを目的とした治療」というわけではありません。

図表 **1-5**　死亡場所の推移

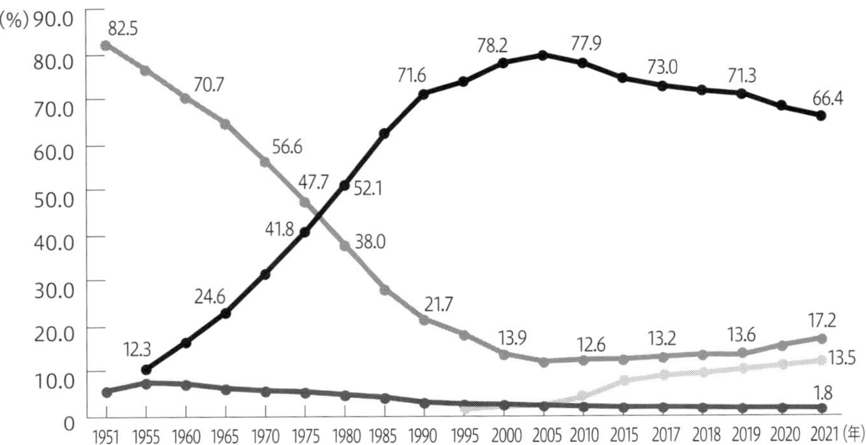

病院・診療所
特養、老健、介護医療院
自宅
その他

・出生場所の統計においても、高度経済成長期に自宅出生と病院出生の数が入れ替わります。
・暮らしの風景だった「生まれる」「亡くなる」という人の姿が遠ざかっていきました。

出所：厚生労働省「厚生統計要覧（令和４年度）」をもとに筆者作成

1950年代は8割が自宅で亡くなっていました。1961年に国民皆保険が成立し、多くの国民が医療機関にかかりやすくなるとともに病院死が増えていきます。在宅死と病院死の割合が逆転したのは高度経済成長期、1970年代中ごろです。わずか数十年の歴史しかない病院死。いつの間にか、ふだんの暮らしから「死」という風景が消えていきました。

ただ、病院死は2000年代から徐々に減少し、介護施設と自宅での死亡が増加傾向にあります。施設入所者は約96.4万人[6]、高齢者人口3,588万人（第1号被保険者）のわずか2.7％です。今も、圧倒的多数の高齢者は自宅で暮らしています。容態の急変などで亡くなる直前に病院に運ばれ、病院死にな

6）厚生労働省「介護保険事業状況報告（月報・暫定）」令和６年１月分

るケースも多い現実はありますが、在宅死の高齢者も徐々に増えつつあります。その死が無縁社会の孤立死ではないことを望みます。

千葉県船橋市のある地域では医療従事者や福祉関係者らが集まり、「最期をどう迎えたいか」を地域ぐるみで考えています[7)]。ひとり暮らしの高齢者を中心に、最期の希望を記す「ひまわりシート」を配布し、記入してもらいます。「ひまわりシート」は、ケースに入れて冷蔵庫に保管しておきます。救急隊員にもわかりやすい仕組みです。

高齢者本人は、「そういえば、あいまいだった」「誰にも言ったことがない」という自分の気持ちを言語化しながら、最期をどう迎えたいのか、あらためて自分の意思を確認していきます。このシートは一度書いたら終わりではなく、定期的に見直す仕組みも伴います。そうしたプロセスから、医療と介護の連携、ひとり暮らしの高齢者と地域とのつながりが育まれます。

日常会話の延長でいくら「延命はいらない」と発言していても、家族も友人も、本人ですら、どこまでが救命で、どこからが延命なのか、おそらく区別できません。ましてや救急車を呼んだ場合、救急隊員も医療従事者も救命措置が使命です。何もしないわけにはいきません。

「自宅で最期まで」を望むなら、「延命はいらない」を望むなら、それをどのように実現するか、具体的なシチュエーションも考えておく必要がありそうです。病気でなくても要介護でなくても、元気なときから誰かとともに。

[7　ヘルパーと利用者の支え合い]

私が介護福祉士養成校にいたころ、学生は施設実習と訪問介護実習の双方を学びました。訪問介護実習を終えた学生は言います。

「施設に入っておられる方より生き生きしている」

「(ヘルパーに) 要望を素直に伝えている」

---

7)「希望に沿った最期を実現するネットワーク」NHK地域づくりアーカイブス（2023年8月5日視聴）

「利用者さんの想いが明確」

「利用者さんが主役になっている」

素直な感想です。住み慣れた家で、自分のペースで暮らせるからです。

ヘルパーLさんを支える利用者Kさん

ネグレクトを受けて育ったLさん。学生時代には強い自殺願望をもっていましたが、今はヘルパーとして元気に働いています。利用者Kさん宅で仕事をしながら、互いに身の上話をします。Kさんと話をするようになって、Lさんの自殺願望は薄れていきました。Kさんの存在はLさんが仕事を続ける支えとなり、KさんもまたLさんの訪問を心待ちにしています。

LさんとKさんの関係は、介護保険サービスだけのつながりとは異なります。利用者と介護職員という制度を越えた人と人とのつながりが芽生えています。

訪問介護は、自宅での暮らしを支えます。その人らしい暮らしです。このことが、ヘルパーの仕事をも充実させていきます。ひとり暮らしが増え、「自宅で最期まで」を望む人が増えるこれからは、訪問介護が主流でありたいものです。

Jさん夫婦とヘルパーのカードゲーム

軽度認知障害[8]で片麻痺が残るJさん(80歳・男性)は、週3回、入浴などの身体介護サービスと清掃などの生活援助サービスを受けています。

---

8)軽度認知障害(MCI:Mild Cognitive Impairment)は、記憶力や注意力などに低下があるものの日常生活に支障をきたすほどではなく、まだ認知症ではありません。65歳以上人口の15～25%くらいが該当するといわれます。

妻と2人暮らし。いつも、ヘルパーが来るのを心待ちにしています。3人でカードゲームをするのが楽しみなのです。カードゲームは介護保険のサービスではありません[9)]。それでも、3人一緒におしゃべりしながら夢中になれるこの時間は、とても楽しいひとときです。ゲームが終わると、「じゃあ、また今度ね」と言ってヘルパーが帰ります。この「また今度」という小さな約束が、Jさん夫婦の近未来、明日への活力になります。ヘルパーにとっても、夫妻の笑顔が仕事への活力になります。Jさん夫婦を支えることで、ヘルパーも支えられているのです。

注：本来、このような制度外サービスをヘルパーやケアマネジャーらに求めることはできません。
ここでは、介護が人と人とのつながりを育むことに注目してください。

使用人扱いの歯止め

介護保険、特に訪問介護では、提供できるサービスが細かく定められています。

Jさん夫婦の場合、ヘルパーはJさんの食事は用意できますが、妻の食事は用意できません。Jさんの妻も高齢ですので、2人分の食事を用意してもいいように思いますが、介護保険制度は利用者が対象です。妻の食事は用意できません。とても不便です。

このことは、「ついでに庭、掃いといて」「来るとき、タバコ買ってきて」「タンス、動かすの、手伝って」「犬の餌、よろしく」など、ヘルパーを使用人扱いする利用者や家族への歯止めにもなっています。

ひとり暮らしが増え続ける今、訪問介護は、無縁社会を終わらせ、地域社会のつながりを再生する鍵になります。訪問介護を支えるヘルパーの不足は深刻ですが、暮らしを支える基幹的な職業として、社会の隅々まで整備されることを強く望みます。

---

9) この事例は特異です。こうした無償の制度外サービスを奨励するものではありません。ヘルパー（訪問介護員）は、利用者の使用人ではないからです。

＊＊＊

大家族があたりまえだった時代には、赤ちゃんは自宅で生まれました。おじいさんもおばあさんも、住み慣れた家で最期まで過ごしました。「生まれ・育ち・老いて・死ぬ」という風景が暮らしのなかにあり、冠婚葬祭と結びつき、地域の文化をつくってきました。

近所のお風呂屋さんに行くと、赤ちゃんからお年寄りまでスッポンポンです。成長すること、歳をとること、身体の変化も日々目のあたりにしながら、知らず知らずのうちに学んでいました。

だからといって、家にお風呂がない時代や、国民皆保険もなく医療機関にもかかれなかった時代を美化するつもりはありません。ただ、今日にふさわしい「生まれ・育ち・老いて・死ぬ」風景を日々の暮らしに求めてもいいように思います。

不要な延命治療を受けず、住み慣れた家で最期まで穏やかに暮らしたいと思います。コミュニケーションがむずかしくても、心安らぐ人の気配を感じながら無事に最期を迎えたいと思います。そのためにも、現代の「死」や「死に方」「死に至る過程」を学び、備えたいと思いませんか。「死」は、最期まで人間らしく生きる権利の集大成だからです。

第 2 章

家族介護は終わらない

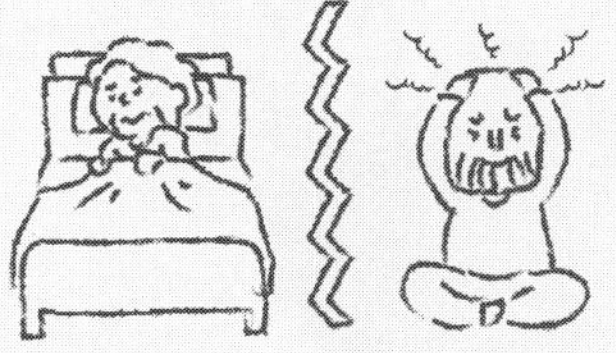

巷には、健康寿命をいかに延ばすか、という情報やグッズがあふれています。フィットネスジムに通い、脳トレドリルを購入し、ゲームをインストールし、健康講座を聞き、散歩を欠かさず、食事に気をつけ、足りない栄養はサプリメントで補うなど、日々、要介護にならないよう気をつける中高年の何と多いことでしょう。

こうした行動は、自分が「介護を受ける側」にならないことを願っての行動です。だからといって、要介護になるかならないかは、わかりません。

一方、大切なことが抜け落ちています。自分が家族を「介護する側」になることが想定されていません。ここまで述べてきたように介護職員の不足は深刻です。まだまだ、家族介護は続くでしょう。「介護を受ける側」だけでなく、「介護する側」になる備えも必要ではないでしょうか。

[1 家族介護と虐待]

介護職員が不足する事態とは、この先「要介護になったら施設に」と考えていても、入所できるかどうかわからないということです。特養の待機者数は27.5万人です[1)]。運よく入所できたとしても、職員不足が深刻になると退所を迫られる可能性もあります。「それなら、ヘルパーを頼もう」と思っても、ヘルパーこそ最も深刻な人手不足です。必ず来てくれるとは限りません。介護職員の不足とは、そういう事態です。ですから、「家族の世話にはならない」と望んでも、家族介護は続きます。

家族の場合、一般的には介護の知識やケアスキルはなく、突然「介護する側」になって狼狽えるケースがめずらしくありません。健康づくりに励んできた人も、「介護する側」の備えはほとんどないでしょう。何となく「誰でもできるだろう」という感覚のまま、何とかなるように思うのでしょうか。

1）厚生労働省老健局高齢者支援課の発表（2022年12月23日）。特養への入所は、原則として要介護3以上です。

そのあいまいな感覚がときに虐待を生みます。家族による不慣れな介護は、「介護する側」にも「介護を受ける側」にも負荷が大きく、ストレスが膨らみます。

家族介護者による虐待の相談件数は、図表2-1にあるとおり、過去最多の38,291件。虐待と判断された件数も16,669件と増加傾向が続きます。

それでは、誰が虐待をするのでしょう。息子が39.0％、夫22.7％、娘19.3％という統計が出ており、息子＋娘の合計％は、令和2年、3年、4年と微増です（図表2-2）。

虐待ではなくても、「介護する側」の備えがない現実は、壮絶・地獄というネガティブワードで語られがちな事態に直面します。「介護する側」になった家族は、そこから逃れようとします。その気持ちがまた介護を忌避する世間の空気と親和し漂い、介護職員の不足をそのままに家族介護を助長していきます。

私たちは、子どもが排せつをコントロールできなくても、それを成長のプ

図表 **2-1**　家族による虐待

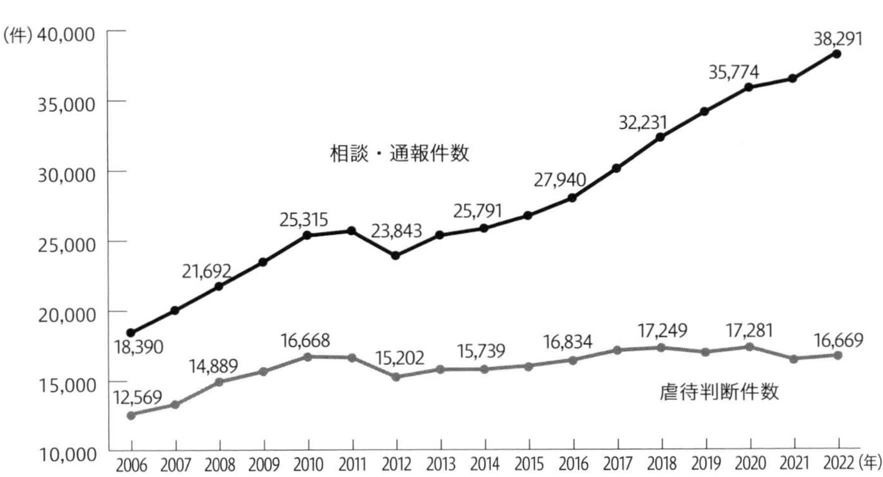

出所：厚生労働省「令和4年度『高齢者虐待の防止、高齢者の養護者に対する支援等に関する法律』に基づく対応状況等に関する調査結果」をもとに筆者作成

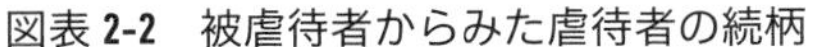
図表 2-2　被虐待者からみた虐待者の続柄

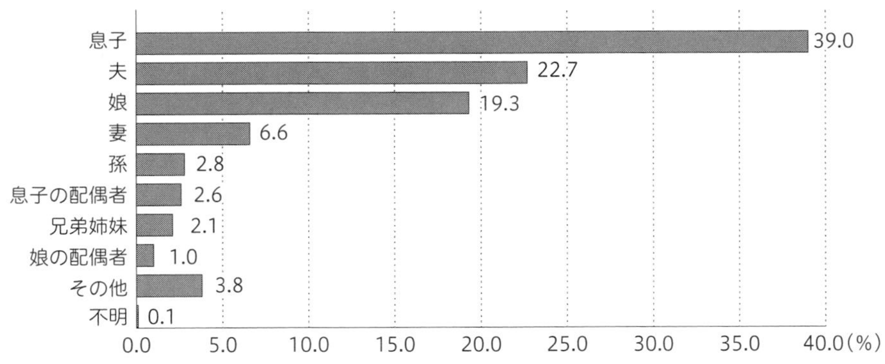

出所：厚生労働省「令和４年度『高齢者虐待の防止、高齢者の養護者に対する支援等に関する法律』に基づく対応状況等に関する調査結果」をもとに筆者作成

ロセスとして自然に受け止めることができます。このことは、世界中の人類が長い歴史を通して経験しています。

ところが、身体機能が衰え、介護を要する高齢者がそれなりの割合を占める社会は、人類史上、初めてのことです。人類は、この経験を今から意識的、社会的に積み重ねていかなければなりません。その一つに、「介護する側」になる学びがあるのではないでしょうか。より広く、「ケアを学ぶ」といっていいと思います。この学びは、やがて介護を忌避する空気を入れ替え、人類史の画期となる大切な経験になることでしょう。

ところが、今のような職員不足は、介護を忌避する空気をそのままにして、社会が介護の担い手づくりを放置している状態です。このまま家族介護が続くなら、その愛情の深さや絆の強さにかかわらず限界を迎え、虐待、破綻、ひいては介護殺人につながるケースをなくすことはできないでしょう。

介護にかかわる自殺者の数は、2022年に377人になりました。この15年で、年平均256人の自殺者が出ているとのことです[2)]。何の備えもなく、「介護する側」になってはいけないのです。

2)『東京新聞』2023年10月6日付

2 介護職員と虐待

家族だけでなく、介護職員による虐待も増加しています。

図表2-3にあるように、2022年には、介護職員による虐待の相談・通報件数は2,795件、虐待判断件数は856件と過去最高になってしまいました。この根底にも、介護職員の不足があります。

報道では、虐待が行われた施設・事業所や加害者である職員にばかり焦点があたります。

「管理者は何をしてるんや」「そんな職員に介護させるな」「ちゃんと教育しろ」と、心ない言葉が飛びかいます。もちろん、虐待は許されることではありませんが、その施設・事業所と職員を非難したところで、抜本的な解決には至りません。

介護職員の不足は、現場の多忙に直結します。時間不足が長時間過重労働

図表 2-3　介護職員による虐待

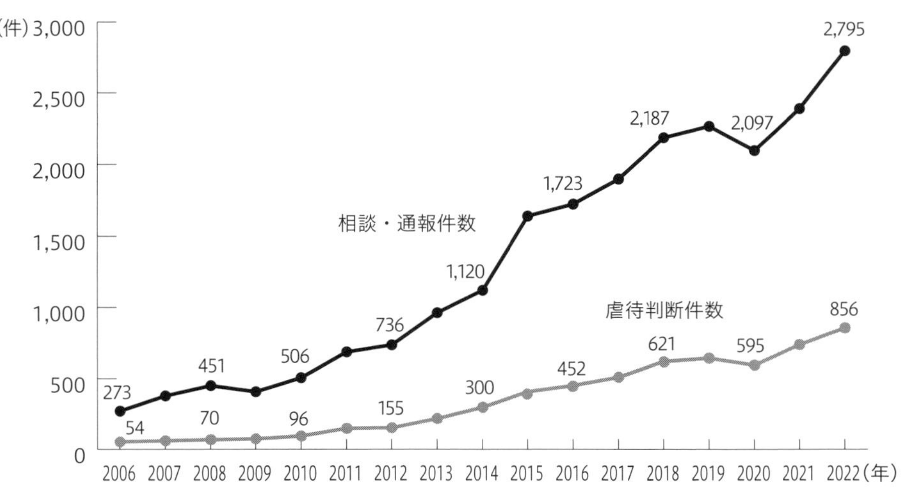

出所：厚生労働省「令和４年度『高齢者虐待の防止、高齢者の養護者に対する支援等に関する法律』に基づく対応状況等に関する調査結果」をもとに筆者作成

を招き、研修不足を招きます。情報共有する時間も減り、利用者とのコミュニケーションも不足します。一人ひとりに最適なケアをしたくても徐々に余裕がなくなり、「安全」が最優先。寝かせきりや座らせっ放しの時間を増やしてしまいます。利用者の筋力が衰え、関節の拘縮が進みます。胃ろうから経口摂取へはあきらめなければなりません。少ない入浴回数がさらに減り、オムツ替えは次の巡回時間まで放置されてしまいます。

そんな状況が介護職員の毎日になると、専門職としての教育を受けていればいるほど、働き甲斐の喪失感が大きくなります。自転車操業の悪循環。働き甲斐は回復せず、退職者が続き、ますます人手不足に拍車がかかります。

ちなみに、介護職員による虐待の要因は、「教育・知識・介護技術等に関する問題」が最も多く、次いで「職員のストレスや感情コントロールの問題」「虐待を助長する組織風土や職員間の関係の悪さ、管理体制等」と続きます（図表2-4）。

どの要因であっても、それらが相互に悪影響を及ぼし合うことは想像に難くありません。この状況のもとでは、虐待に至らずとも、対応がむずかしい利用者に退所を迫ることもあるでしょう。訪問介護の依頼を断ることもあり得ます。公的介護保険でありながら、施設・事業所、職員の側から利用者を取捨選択する、そんな事態も予想されます。そして、行き場を失った高齢者とその家族が介護難民になっていきます。

図表 2-4　介護職員による虐待の発生要因（複数回答）

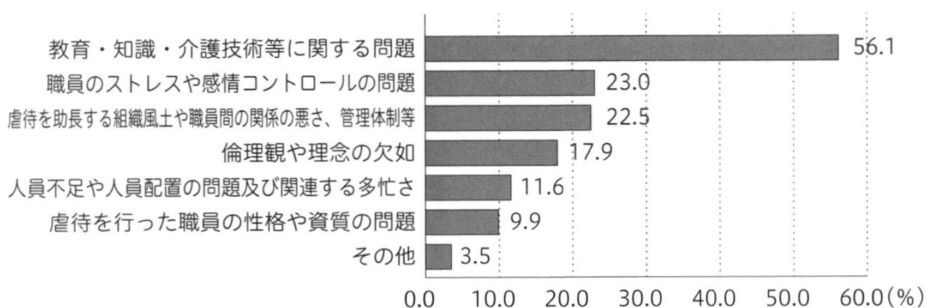

出所：厚生労働省「令和4年度『高齢者虐待の防止、高齢者の養護者に対する支援等に関する法律』に基づく対応状況等に関する調査結果」をもとに筆者作成

待機職員で余裕がほしい

介護はエッセンシャルワークです。コロナ禍のように多くの人手を要する場合に備えて、余裕をもって対応できなければなりません。そのために、常に待機する職員がいて、待機中には確かな研修や訓練を積み、それでちゃんとしたお給料がもらえるよう、本来、そうした体制にすべきではないでしょうか。

政府には、不測の事態が生じたときにも、通常業務をおろそかにせずしっかり対応できるだけの待機職員を養成する、そんな施策を求めます。福祉も、医療も、教育も。

人手不足の解釈が違う

高齢者介護施設の法定人員を平均すると、「利用者3人に職員1人」になります。ところが、内閣府の規制改革推進会議は、「4人に1人でもいい」と、配置基準の緩和を提案しました（2022年1月20日）。ICTの活用を前提にしているようです。ICTを活用しなければ3人に1人のまま、なのでしょうか。あきれるほど、現場感覚とズレています。

現場は、きわめてシンプルに、「職員を、人を増やしてほしい」と言っているのです。この言葉をどうして正面から受け止めることができないのでしょうか。

ちなみに、「3人に1人」というのは実人数です。たとえば、全職員が昼間8時間働いていれば、その時間帯だけは「3人に1人」が実現しますが、そうすると夜間は職員0人です。

介護職員にも労働時間の制限があり、有給休暇もあります。ですから、夜勤1人で利用者20〜30人をみるという実態も生まれます。

つまり、「3人に1人」というのは、圧倒的に人手不足な状態なのです。

[3 追いつめられる家族]

少し前の記事ですが、『毎日新聞』は、介護殺人の加害者約7割が男性であると報じました。過去18年間に国内で起きた介護殺人716件を分析した調査です[3)]。加害者の7割が男性である比率は、夫婦間においても、親子間においても変わりません。

どうして、加害者には男性が多いのでしょうか。何となく想像がつくと思います。これまでの社会が男性に強いてきた働き詰めの日々に、家事・育児・介護、さらには地域とのつながりをつくることなど、入り込む余地はなかなかありません。

同記事には、「仕事感覚通じず／頭真っ白に／一人で抱え」という見出しで、認知症の妻に暴力をふるっていた男性の記事もありました。

男性は、こう振り返ります。

「仕事と同じ感覚で、介護も完璧にこなせると勘違いしていた」

記事には、「男性は建設会社で定年まで40年働き、現場監督として数十人の部下をまとめていた。欠陥のない仕事をし、従業員の安全も確保するため、決められた手順を厳守してきた。妻の介護でも1日の計画や手順を細かく決めた。しかし、介護は思い通りではなかった」と書かれています。

「朝起きると、妻がオムツから便を垂れ流し、部屋中の畳が汚れていた。深夜には突然起きて奇声を発した。降ってわいたような出来事に、男性は頭が真っ白になり、落ち込んだ。次第に妻にいらだつことが多くなり、いつの間にか手をあげた」と続きます。これまで仕事中心だった男性にとっては、介護の他に妻任せだった家事一般も加わり、はかりしれないストレスに苛まれたことでしょう（幸いなことに、妻の施設入所がかない、男性は穏やかな生活を取り戻したとのことです）。

---

3)『毎日新聞』2016年2月14日付。湯原悦子氏（日本福祉大学司法福祉論）の調査研究によります。湯原氏の研究によると、同様の事件が「8日に1件」の割合で発生しているといいます（『毎日新聞』2023年12月16日付）。

認知症高齢者へのかかわりは、瞬間々々の適切なかかわりによって、その人の「不快」や「不安」をなくし、「快」と「安心」をつくり出すことといわれます。そのためには、認知症についての知識が不可欠です。専門医に受診し、原因疾患[4)]を知り、治療の可能性を探ります。原因疾患によって、症状の現れ方も対応も変わります。中核症状を踏まえ、生い立ちや性格、環境によって変化する心理・行動症状も把握しなければなりません（図表2-5）。

図表 **2-5**　認知症の中核症状と心理・行動症状

<table>
<tr><td colspan="2">中核症状
認知症に共通して現れるといわれる症状</td></tr>
<tr><td colspan="2">洋服の着方など手順がわからない：失行
物が何かを認識できない：失認
物の名前がわからない：失語
新たなことが記憶できない：記憶障害
計画や段取りができない：実行機能障害</td></tr>
<tr><td colspan="2">心理・行動症状
中核症状から二次的に現れるといわれる症状</td></tr>
<tr><td>精神的に現れる症状</td><td>行動的に現れる症状</td></tr>
<tr><td>意欲がわかない、うつ的
安心できない、落ち着かない
不安や焦燥感にかられる
被害妄想的になる
いない人の声が聞こえる
ないものが見える、など</td><td>昼夜が逆転してしまう
食物ではないものを食べる
1人で出かけてしまう
入浴や着替えを嫌がる
大きな声を出す
手をあげる、など</td></tr>
</table>

• たとえば次の場合のように、認知症の人がなぜそういう精神状態や行動を起こすのか、「なぜ」の部分を理解することが大切だといわれています。
  ・慣れない場所では自分がどこにいるのか認識できず、不安に襲われます。
  ・目的があって外に出ますが、途中で目的を忘れて歩き回ることがあります。
  ・食事のとき、お箸やスプーンの使い方がわからなくなって混乱することがあります。
  ・お風呂だからといって誰かに服を脱がせられれば、抵抗するのは自然なことです。

出所：『最新・介護福祉士養成講座13　認知症の理解』中央法規出版（2019年）及び「介護職員初任者研修課程テキスト2　コミュニケーション技術と老化・認知症・障害の理解」日本医療企画（2018年）を参考に筆者作成

4）認知症の主な原因疾患としては、脳血管性（脳出血や脳梗塞）、アルツハイマー型、レビー小体型、前頭側頭型の4疾患があげられます。

また、地域包括支援センターなど外部の専門機関に相談し、決して1人で抱え込まないことが必須です。

「早く、相談しておけば……」

記事の男性に限らず、どのタイミングでどこに相談すればよいのか、目の前の介護に追われている間は、ほとんど考えられません。同記事にも、男性は誰にも相談せず「全てを一人で抱え、自分を追い込んでいた」と書かれていました。

認知症カフェなどの活動をしている人たちは、「出かける・しゃべる・食べる。特効薬なの。お薬飲むのと同じくらい効果があると思って大丈夫」[5)] と言います。今、自分が認知症でなくても、認知症カフェでお茶しませんか。これも、将来どのように介護にかかわるかに関係なく、誰にでも共通する備えです。介護は、周辺知識を少し学ぶだけでも負担感が和らぎます。

[4 ワーク・ライフ・アンバランス]

ワーク・ライフ・バランスという言葉はかなり定着しました。労働時間の短縮とともに働き方改革を象徴し、夫婦が家事・育児に共同参画するイメージとともに語られることが多いようです。実際、どうでしょうか。

ある男性が育児休業を申請したとき、同僚から「毎日休んで、何するんや？」と言われたそうです。何と稚拙な質問でしょうか。毎日、育児をするから育児休業です。これが介護休業の申請なら、毎日、介護をするのです。

ただ、介護では少し異なるイメージを感じます。育児の場合は積極的に参画するポジティブなイメージを伴いますが、介護の場合は「介護する側」が「やっかいな」介護を何とかするために奔走する、そんなイメージになっていませんか。

介護職員は不足しています。特養もなかなか入所できません。介護休業を

5)「誰もが気軽に立ち寄れる認知症カフェ」NHK地域づくりアーカイブス（2023年8月5日視聴）

とっても先は見えず、負担感を伴う家族介護は、老親に肩身の狭い毎日を過ごさせることになりかねません。

老親介護を抱えながら現役で働く人の場合、どのように介護と向き合うのでしょうか。

会社員Ｂさんにとって、老親介護は「やっかいなこと」でした。共働きのＢさんの毎日は、仕事と家事・育児で精一杯です。そこで、Ｂさんはさっそく介護休業制度を利用しました。介護保険の手続きを進め、入所可能な高齢者施設を探すのに奔走しました。何とか、老親を入所させたＢさん。ホッと一息です。「やっかいなこと」が高齢者施設に移り、Ｂさんはいつものワークとライフを取り戻すことができました。

Ｂさんのような事例はよくあります。でも、何かすっきりしません。虐待には至らずとも、老親介護は「やっかいなこと」に据え置かれたままです。Ｂさんに悪意はありませんし、よかれと思って高齢者施設を探し、老親を入所させました。老親も「家族に迷惑をかけられないから」と、施設入所を断りません。でも、本心はどうなのでしょう。

「施設入所は、ほとんど家族の意思で決まります」と、あるケアマネジャーは言います。老親の本心は隠され、高齢者施設は「やっかいなこと」の預け先という位置づけです。介護職員もそうした経緯を感じながら、できるだけ心地よく施設で暮らしてもらおうとします。それでも、「家にいたかった……」と思うさみしさを拭えないまま最期を迎える高齢者も少なくありません。こうして考えると、介護のワーク・ライフ・バランスは、何となく奇妙です。ワーク・ライフ・アンバランスではないでしょうか。

[5　「申し訳ありません」？]

昨今、結婚や妊娠・出産、育児というライフイベントを経ながらも、女性の就労率は年々高まっています。今後も増え続けるでしょう。

ライフステージも変化しました。女性の高学歴化、就職率の向上、晩婚化及びそれに伴う出産年齢の高齢化などがみてとれます。たとえば、1970年と2014年を比べると、大学進学率は7.3倍、第一子出産年齢は25.6歳から30.6歳になっているなどです[6)]。夫婦共働きも増えました。1997年には、いわゆる片働き世帯と共働き世帯の数が逆転します。

さて、男女平等は進んだのでしょうか。

休業制度はあるものの

図表2-6をみてください。「夫は外で働き、妻は家庭を守るべきである」という考え方に賛成する割合が、2019年においても男性に多いことがわかります。逆に、女性の反対割合は男性より多い。この男女役割分担に賛同する意識は減りつつあるものの、男女の意識のズレがうかがえます。

次に、「『仕事』、『家庭生活』、『地域・個人の生活』のかかわり方」について30代男女の数値をみてみます（図表2-7）。男女とも「『仕事』と『家庭』をともに優先」したいという希望は3割前後あるものの、その希望を現実に置き換えると、男性は56.5％が「『仕事』を優先」になってしまいます。女性は「『家庭生活』を優先」の希望43.2％が40.6％に減り、1.3％しかなかっ

図表2-6　「夫は外で働き、妻は家庭を守るべきである」という考え方に関する意識— 2019年男女の意識差

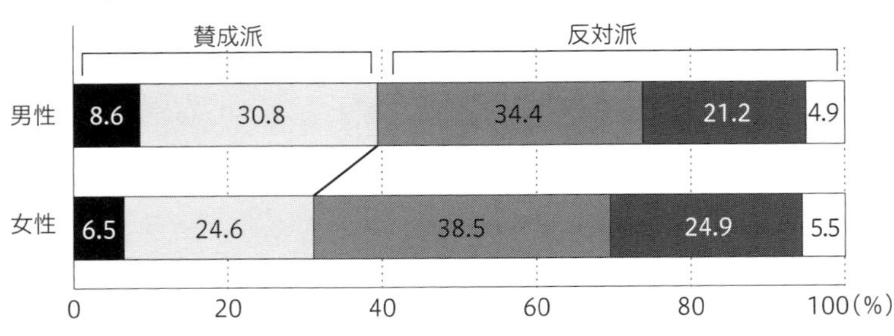

•「夫は外で働き、妻は家庭を守るべきである」という考え方は年々減少傾向にあります。

出所：内閣府『令和3年版男女共同参画白書』をもとに筆者作成

6) 内閣府『平成28年版男女共同参画白書』「女性を取り巻く状況の変化」

た「『仕事』を優先」が21.3％にまで膨らみます。

男女ともに働く権利は護られなければなりませんが、同時に、育児休業、介護休業をはじめとする働き方改革を前進させ、ワーク・ライフ・バランスも護られなければなりません。

厚生労働省の発表によると、2021年時点で男性の育児休業取得率は13.97％です（女性85.1％）[7)]。速報値によると、1,000人を超える大企業では、46.2％という取得率ですが、それでも半数に及びません。中小企業になると、

図表 2-7 「仕事」、「家庭生活」、「地域・個人の生活」のかかわり方について ― 2019年30代男女の希望と現実

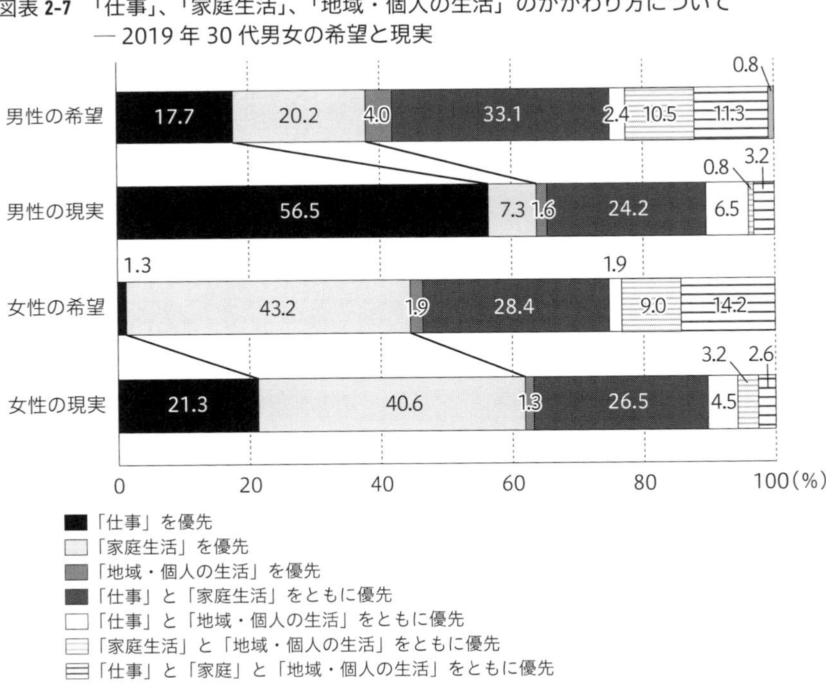

• 暮らしのために働いていたはずが、男女とも希望以上に「仕事を優先」せざるを得ない状況に追い込まれています。

出所：厚生労働省『令和2年版厚生労働白書』をもとに筆者作成

---

7) 厚生労働省「令和3年度雇用均等基本調査」

まだまだ低い数値が予測されます[8)]。また、週60時間の過労死ラインで働く男性も少なくありません[9)]。子育て期にある男性は、父親として育児に参加する権利が奪われたままです。結果、6歳未満の子どもをもつ親が育児、家事に費やす時間は、1日のうち夫1時間54分、妻7時間28分と大差のまま推移します[10)]。

育児休業をとった父親が退職を余儀なくされたという投稿も、SNSで見かけます。子どもがどんどん成長するかけがえのない時期に、男女の別なく仕事をしながら十分に育児にかかわるというワーク・ライフ・バランスの実現は遠い先のようです。日本のこの到達点は、「家庭というユニットに性別役割分担を内包した共働き」という段階にとどまっているように見えます。

さて、出産・育児で退職した場合、一段落したら再就職、という人も多いと思います。介護の場合はどうでしょうか。介護による退職は、再就職に結びつくのでしょうか。

2016年から2017年のデータによると、「介護・看護を理由に離職・転職した人数」は99,100人。75.8％が女性、24.2％が男性です。その年齢構成をみると、女性は50代が40.2％と最も多く、男性は60代で39.6％です[11)]。男女とも20代から介護にかかわる離職・転職のケースがありますが、年齢が上がるにつれ、その割合は増えていきます。やがて介護を終えたとき、自分自身が高齢期を迎えます。

ただでさえ、離職や転職はその後の所得の低下を招きやすい上に、介護を終えたときの自分の年齢を考えると再就職も容易ではありません。介護を担ってきたことへの社会的評価は何もなく、自分の老後には低年金という貧困が待ち構えています。将来、要介護になったとき、誰があなたを介護してくれるのでしょうか。

8）厚生労働省「令和5年度男性の育児休業等取得率の公表状況調査」（速報値）

9）内閣府『令和4年版男女共同参画白書』「週間就業時間60時間以上の雇用者の割合」によると、30～40代男性の割合が相対的に高くなっています。

10）厚生労働省『令和5年版厚生労働白書』「日本の1日」

11）総務省「平成29年就業構造基本調査」

権利行使が「申し訳ありません」？

育児休業、介護休業の取得は権利として認められています[12)]。これらの制度は、堂々と行使すべき権利です。ところが、この権利を行使するのに、上司や職場の同僚に「申し訳ありません」と言って「休み」に入る人の何と多いことでしょう。権利は、申し訳ない気持ちで行使するものではありません。

職場に復帰すれば、「長い間、お休みして申し訳ありませんでした」と、ついつい謝ってしまいます（ときに、菓子折まで用意して）。そこへ上司や同僚がやってきて、「ゆっくり休めてよかったな」などと、無神経なねぎらいを飛ばすこともあります。

休業という名の制度ですが、命がけの妊娠・出産も、24時間体制の育児も介護も、「ゆっくり休む」にはほど遠い毎日です。人として当然の「生まれ・育ち・老いて・死ぬ」に伴う制度は、人として生きる権利です。職場からの一時的な離脱を、「申し訳ありません」と言わせるままの認識でいいはずはありません。もちろん、これらの権利行使を理由に降格や異動、退職を迫るなどは言語道断です。

男女平等が謳われた日本国憲法（1946年）、男女共同参画社会基本法（1999年）、仕事と生活の調和（ワーク・ライフ・バランス）憲章（2007年）から何年が過ぎたでしょう。これまでの男性と同じように働く「平等」が女性に押しつけられ、性別役割分担を内包した家族というユニットで奇妙なバランスが今も残ります。

戦後、誰もが生活（ライフ）のために働いていたはずが、いつの間にか生活を犠牲にしてまで働く（ワーク）ようになってしまいました。それが、「生まれ・育ち・老いて・死ぬ」という自然の摂理、妊娠・出産、育児、介護とそこに伴うケアワークを抑圧しています。

12）育児休業、介護休業の財源は雇用保険です。2022年10月から育児休業期間が2分割できるようになりました。介護休業期間は3分割できます。どちらも、男女の別なく取得できます。

ジェンダー・ギャップ指数　世界経済フォーラムは、各国における男女格差を測るジェンダー・ギャップ指数を発表しました（2023年6月21日）。日本の総合スコアは0.647。146か国中125位で、過去最低です。とりわけ、政治の分野が138位と最低クラスに位置します。

6　健常者に忖度する健常者

私は、よく大阪駅で環状線に乗り換えます。乗降客は毎日85万人近く。環状線のホームにはベンチがなく、一休みすることもできません。通勤時間帯のホームには人があふれ、車イスやベビーカーで通るのは大変です。急ぐ人たちの流れに押され、杖をつきながら歩くのも、並大抵ではありません。

超高齢社会が続けば、身体が不自由な人も多くなります。急ぐことができない人も増えます。車内で体調を崩す人も増えるでしょう。

バリバリ働く健常者を中心に、大きく発展してきた公共交通機関……。少子化を懸念する声が大きいにもかかわらず、子ども連れや妊婦に冷たい態度をとる人たちも乗り降りします。誰にでもやさしい公共交通機関であるためには、どうすればいいのでしょうか。

エスカレーターは、右？ 左？

エスカレーターは立ち止まって乗るもの。右とか左とかじゃありません。ですが、世間は「お急ぎ」の人のために片側を空けます。そこを駆け抜けるのは、元気な健常者。「立ち止まって乗りましょう」という自動音声は、スルーされます。

大阪では、皆、右側に立ちます。右片麻痺の友人は、右手すりをつかんで立つことができません。しかたなくエスカレーターをあきらめて、遠くにあるエレベーターに向かいます。世間は、「お急ぎ」健常者に忖度して片側を空けることができるのに、身体の不自由な人に配慮して「立ち止まって乗る」ことができないのはなぜでしょうか。

右片麻痺の人もいれば、左片麻痺の人もいます。「お急ぎ」健常者に忖度するより、身体の不自由な人、子ども連れの人、妊婦や高齢者らに想いを馳せ、配慮し合う風潮は生まれないものでしょうか。

それに、健常者も立ち止まって乗りたい人は多いはず。エスカレーターの乗り口には、立ち止まって乗る側にだけ人がいっぱい並んでいます。

急病人は迷惑？

「急病のお客様の救護を行っておりましたため、約10分遅れで○○駅到着になります。お急ぎのところ、ご迷惑をおかけして申し訳ありません」

この車内放送、違和感ありませんか。「お急ぎ」の人たちに「申し訳ありません」と謝っています。このままでは遅れた原因は急病人、「急病人＝迷惑」と言われているような気がしてなりません。

急病人がいたら救護をするのはあたりまえです。救護された人は、迷惑をかけようとして急病になったわけではありません。ですから、車内放送ではこう言ってほしいのです。

「急病のお客様の救護を行っておりました。そのため約10分遅れで○○駅到着になりますが、無事、救護することができました。ご乗車の皆さま、ご協力、ありがとうございました」と。

これまでは、働き詰めの「お急ぎ」健常者に「急病人＝迷惑」という言葉が日々刷り込まれていたかもしれません。その刷り込みを、「ご協力、ありがとうございました」という言葉で塗り替えていくことはできないでしょうか。「急病人＝迷惑」のままだと、乗客は電車の遅れにイライラするしかありません。でも、「ご協力、ありがとうございました」と感謝されると、安堵の気持ちがわきませんか。

2005年のJR福知山線脱線事故では、「時間どおり」の行きすぎが大きく報道されました。この背景にも、経済効率優先の働き方がありました。この状況を少しずつでも変えていきたいものです。

公共交通機関の小さな変化が、人と人とが互いに尊重し合う心情を育むならば、それは日本の隅々に配慮ある行動変容を促す力にもなると思います。

健常者って？

「常に健やかなる者などいない」と、健常者という表現に異を唱える人もいます。そういえば、厚生労働省『令和5年版厚生労働白書』の「100人でみた日本」によると、健康状態が「よくない」「あまりよくない」と感じている6歳以上は人口の12.6％、日常生活の悩み・ストレスを感じている12歳以上は人口の47.9％にも上ります。日本人、なかなか不健康です。

ちなみに、WHOは、「健康とは、肉体的、精神的及び社会的に完全に良好な状態であり、単に疾病又は病弱の存在しないことではない」と定義しています。

非生産年齢人口ではなく

内閣府『令和4年版高齢社会白書』によると、経済活動を軸に0歳～14歳及び65歳以上を非生産年齢人口といいますが、2070年の予測値では、生産年齢人口4535万人（52.1％）に対して非生産年齢人口4164万人（47.9％）と、ほぼ半々です。

ちなみに「生産年齢人口vs非生産年齢人口」という分断のような区別、必要でしょうか。

また同書では、高齢就業者数の伸びも示されています。2021年には65～69歳の就業者が51.7％、70～74歳で33.2％、75歳以上でも10.6％が働いています。高齢者の社会参加ともいえますが、働かないと暮らせない低年金・無年金という深刻な実態も併存しています。

＊＊＊

介護殺人や虐待などの背後には、人間の老い・衰えという自然の摂理が削除されたような働き方があるように思います。高齢者介護だけでなく、家族をケアする「休み」は職場離脱とみなされ、やむなく決断した離職は、ケアを選んだ人々の未来を奪います。

働く人にとって暮らしの場が労働力の再生産につながるように、高齢者も日々生きぬく力を再生産しています。子どもたちも生きる力を得て成長を続けます。その暮らしを支える仕事をケアワークといいます。高齢者介護に限らず、さまざまなケアワーカーがケアを必要とする人々の暮らしを支えています。

人類は、労働と生活が未分化な原始の時代から数百万年の時を経て、徐々に生活と労働を分化させてきました。

資本主義社会に入って加速度を増した徹底的な分化は、労働が生活を脅かすほどになり、ワークとライフの大きなアンバランスを生み出しています。この状態で介護に突入すれば、働く人は自分の時間を失い、高齢者は「自分らしく最期まで」の権利を失い、介護職員は本来の働き甲斐を失います。「三方よし」の正反対だと思いませんか。

経済効率優先を続ける現代の働き方は、アンバランスという言葉をはるかに越えた生活と労働の乖離を伴いながら、介護の担い手、ケアワーカーが育ちにくい社会を継続させています。

閑話休題
intermission

介護は、愛情より根性より知識！

私の母は若年性のアルツハイマー型痴呆症でした

介護を支えるのは、愛情より根性より知識です！

こう言うと、愛情深く家族の介護を担っている人々の反感を買いそうですが、決して、愛情も根性も否定するわけではありません。そこに知識が加われば、愛情という名の重荷を下ろし、根性という名の無理を防ぐことができます。

1980年代初頭、認知症がまだ痴呆症と呼ばれていた時代、「寝たきり老人」や「痴呆老人」という言葉が世間に浸透しはじめたばかりのころです。

私が20歳を過ぎたころ、母（50歳くらい）が若年性アルツハイマー型痴呆症になりました。

当時、医療関係団体で働いていた私は、医師を対象にした研究会の受付をしながら、若年性アルツハイマー[1)]型痴呆症という病気を知ることになりました。日本にはめったにない病気だといいます（当時）。ただ、講師が話すその症状は、母の様子とそっくりでした。

早速、専門医のもとへ向かいました。

「間違いなく、若年性のアルツハイマー型痴呆症ですね」

ショックでした。でも、病名がわかって少しスッキリしました。これからどうしようかを考えるスタートになったからです。

治療方法はあるのか、薬はあるのか、進行するとどう変化するのか、何に気をつければいいか、公的な救済制度はあるのか、入所できる施設はあるか、余命はどれくらいか……。手あたり次第に調べました。むずかしい医学論文も読みました。

結果、治療法も特効薬も利用できる制度も何も見つかりませんでした。でも、「何もない」という知識を得ました。これが大切です。そこから再スタートです。

母の介護は、父、妹、弟と交代で担います。まず、若年性アルツハイマー型痴呆症について家族と共有しました。次いで、親戚にも友人にもご近所にも行きつけの美容院にも、「うちのお母ちゃん、ボケてるねん」という事実を知らせます。

そうこうしているうちに、公的機関で相談できるところが見つかりました。保健所[2)]です。当時、保健師の間でも痴呆症を抱える家族の生活相談が増えていたようです。

早速、保健師さんが家に来てくれました。生活状況を細かく見てくれます。そして、どのよう支援が必要か、一緒に考えてくれました。

だんだん、道が開けてきます。まず、生協[3)]の有償ボランティアにつながりました。次いで、「呆け老人を抱える家族の会」[4)]につながります。

「呆けるのは、決して恥ずかしいことじゃない」

心強い言葉に励まされます。

さまざまな交流が生まれ、新たな知恵や知識を得られるようになりました。

「留守番は○分以内で」「外出は◇時間くらいが限度」「買い物はできるだけ一緒に行こう」「お財布には3000円まで」「掃除も洗濯もできなくてもいい」「加熱せずに食べられる食材を置いておこう」「迷子に備えて△△しておこう」「外での待ち合わせはむずかしい」「足の爪は切っといたほうがいい」など、暮らしの備えが少しずつ増えていきます。

もちろん、感情的になって母を怒鳴りつけたこともありました。

「何回、言ったらわかるのよ」

「それじゃない、これ！」

「どうして、わからないの！」

毎日毎日、新聞の死亡欄を見ては、母は、いつまで生きるんだろう。この人はこんなに若くして亡くなっているのに……と考えてしまうようになりました。一晩迷子になったときには、死んで見つかってほしいとさえ思ってしまいました。

母は、700円の買い物に1000円札を3枚出しました。お釣りをごまかされたことも一度や二度ではありません。逆に、レジをすませず、スーパーの商品をカゴごと持ち帰ったこともあります。冷蔵庫には、同じ食材ばかりが増えました。

お風呂にも入ろうとしません。一緒に裸になって無理やりお風呂に入れました。母は、泣きわめいて湯船に逃げます。一緒に浸かるとウンチが浮いてきました。そのころには、私も覚悟ができていたのか、「ウンチくらい洗えばすむ」という程度の感覚でした。

お風呂からあがった母は、ほっこりした様子でお茶を飲んでいました。

私：「お風呂、気持ちよかった？」

母：「ほんま、気持ちいいわ。あんたもお茶飲む？」

さっきまで泣きわめいていた母はどこにいったのか、こっちは拍子抜けです。

今になって考えると、間違った介護をしていたかもしれません。でも、病名も何もわからず、先が見えなかった時期こそ、本当にしんどいものでした。こんな経験から、介護を支えるのは愛情より根性より知識！と考えるようになった次第です。

超高齢社会の今は、巷に介護情報があふれています。インターネットや書籍をはじめ、介護施設や事業所、ケアの学習会から認知症カフェまで、1980年代に私が知りたかった情報は簡単に手に入ります。さらに今、そうした情報に加えて身体の動きや環境を伴うケアスキルを学ぶ必要性を感じています。

たとえば、脳血管障害などで麻痺が残った場合、着替えはどのようにするのか、車イスから普通のイスに移るときはどう介助するのか、トイレにはどうやって座るのか、散歩のときの誘導や介助の仕方……などです。

往々にして専門家任せにしてしまうケアスキルですが、これらの動き（手足の位置や体重のかけ方、座位・立位の保ち方など）は、介護をするコツであり、介護を受けるコツでもあります。プロのケアスキルには到底及びませんが、家族介護であれ、プロの介護であれ、双方の動きのシンクロが互いに無理のない介護につながるように思います。

このことは、「10の基本ケア」（第7章参照）を学んで得た私の、わりと確信的な知識です。ケアスキルの習得は、誰にとっても介護予防の極意ではないかと思います。

また、認知症のある人との接し方では、その人を取り巻く環境がとても重要であることも学びました。家族や介護職員など周囲の人々も、その人を取り巻く大切な環境と考えます。言葉遣い、表情、しぐさ、接し方などは、認知症のある人の気持ちに大きく影響するからです。

認知症は脳という臓器の病気です。他の臓器や器官に病気のある人がわざわざ悪化を招く環境に身を置かないのと同様、認知症のある人にはその人に適う環境が重度化を予防します。

認知症介護の世界では、ユマニチュード[5)]などわかりやすい実践がインターネットでも紹介されています。ほんの少しの知識でも、ちょっとした備えになります。

そんなわけで、「あなたの介護は誰がする？」という問いかけに、ひとまず「介護を支えるのは、愛情より根性より知識です！」と答えておきたいと思います。

“ニンチ”って言わないで

痴呆症は、その人の尊厳を護るという考え方から「痴呆」という言葉を排し、「認知症」になりました。痴呆症という表現が本人に「恥」を感じさせ、早期発見の妨げになることから、2004年、厚生労働省によって名称が変更されたのです。

それなのに今、認知症と言わずに“ニンチ”と表現する人がいて、とても気になります。せっかく尊厳を護るために病名を変えたのに、「あの人、ちょっと“ニンチ”入ってるよね」という言い方、人を侮辱するような響きを感じて不愉快です。

あなたも私も、認知症になる可能性は少なくありません。

認知症は、進行に伴って病識が薄れていきます。認知症になる前に、認知症について学んでおきましょう。知識も、進行を遅らせる大切な要素です。

1）アルツハイマーというのは、この病気を発見した博士の名前です。なお、アルツハイマー型認知症に限らず、65歳未満の認知症を若年性認知症といいます。

2）1980年代、地域の保健所は健在でした。1990年代に入って統廃合が進みます。結果、コロナ禍で保健所業務がパンクしたのは記憶に新しいところです。

3）当時、北大阪市民生協（現、コープこうべ）の店舗近くに住んでおり、生協組合員の助けあい活動を知ることになりました。

4）現在の「公益社団法人 認知症の人と家族の会」の前身です。

5）ユマニチュードはフランス語です。「人間らしさを取り戻す」という実践から導かれた認知症ケアのわかりやすいスキルです（日本ユマニチュード学会HP参照）。

第 3 章

超高齢社会の量と質

高齢者介護をめぐる問題は多くの人の将来の暮らしに直結しているにもかかわらず、現在の高齢者だけのことのようにイメージする人もいます。ですが、人口動態統計や高齢社会白書などをみていると、現在の高齢者以上に将来の高齢者、すなわち今の中高年や若者が将来に深刻な事態を迎えるであろうことが予見されます。

あらためて数字をみてみます。

日本は、1970年に高齢化率7％を超え、高齢化社会に突入。1994年には14％を超え、高齢社会。さらに、2007年には21％超の超高齢社会に突入しました[1)]。現在の日本は超高齢社会です。それが今後も続き、2070年の高齢化率は38.7％になります。そのころ、あなたは、あなたの家族は何歳になっているでしょうか。

1 「高齢者を減らすには、どうしたらいいですか？」

ある学生から質問を受けました。

「高齢者を減らすには、どうしたらいいですか？」

しばし、絶句。気を取り直して聞いてみると、高齢者に偏った社会保障制度（年金・介護保険・後期高齢者医療など）によって若者が恩恵を受けられない、という文脈の質問です。自分自身もやがて歳をとるということは、ここでは想定外。高齢者が減りさえすれば、若者の働く場所も増え、年金の保険料も減り、保育所が増えて、子どもの医療費もタダになる、何より介護しなくていい……そんな主張でした。

社会保障制度を学んでいる学生でしたが、それでも現時点で自分は若者。若者にとって、高齢者は最初から若者の存在を脅かすやっかい者のようです。テレビや新聞では、よく「高齢者1人を支える現役世代の人数」が肩車

1) WHO（World Health Organization：世界保健機構）が基準を示し、高齢化率によって呼び方が変わります。

のようなイラストで登場します。若者の将来不安を煽るだけでなく、世代間の対立を生むイラストです。若者だって、「人は皆、歳をとる」ということはわかっているはず。それでも、ただただ今日、明日の生活だけで精一杯という窮状が同時に透けてみえます。

この学生も、「社会保障のお世話になったことないし、これからもお世話にはならないと思う」と言っていました。実際には、母子手帳や予防接種、安全な飲み水、保育所など、多くの社会保障制度に支えられて成長した若者たちですが、そんなことなど知る由もありません。ですから、「年金はもらえないかもしれないから払いたくない」という損得勘定に簡単に流されてしまいます。

近年、若者と高齢者の世代間格差是正という言葉が登場し、人々の共感を誘発しています。ですが、社会保障は本来、貧富の格差を是正するものです。どの世代にも富める者と貧しき者がいます。是正されるべきは、高齢者と若者の社会保障の差ではなく、貧富の差、それに伴うさまざまな社会格差です。社会保障の給付を「いくら払って、いくらもらえるか」という損得勘定に置き換え、高齢者をやっかい払いしたところで、それは若者の未来を潰すことにしかなりません。

年金はもらえない？

「年金はもらえないかもしれないから（保険料を）払いたくない」という若者の言葉を耳にします。その言葉どおりに、若者から年金保険料の徴収をやめたとします。高齢者への年金もストップしましょう。その場合、若者の手取りは増えるかもしれません。代わりに、年金暮らしを予定していた親の生活費を自分の手取りから賄うことになりませんか。おそらく、年金保険料を払うより大変です。

議論すべきは、若者の将来に安心を届ける年金制度のあり方ではないでしょうか。

[2 福祉元年 1973年から半世紀]

高齢化率が7%を超えた1970年、平均寿命は男性69.31歳、女性74.66歳でした[2)]。1973年には、男女ともに70歳を超え（男性70.70歳、女性76.02歳）、70歳以上の医療費一部負担が無料[3)]になりました。この年を福祉元年といいます。

ところが、社会的入院[4)]といわれる現象が大きな問題となりました。医療機関の待合室は高齢者ばかりです。病院のベッドにも寝かせきりの高齢者が増え、国の財政を圧迫するようになります。入院した高齢者が自宅に戻れない事態も社会問題化しました。当時は三世代家族も多く、高齢者が入院すると孫に部屋を取られて帰る場所がなくなるという事態があったのです。

有吉佐和子さんの小説『恍惚の人』（新潮社）が世に出たのは1972年。「寝たきり老人」「痴呆老人」という言葉が浸透しはじめた時代でした。

1980年代、国の施策としては、増え続ける医療費を何とか減らさなければなりませんでした。高齢者に対する医療は「枯れ木に水をやるような」[5)]といわれ、高齢者医療にかかる診療報酬が低く抑えられるようになりました。高齢者の入院時の診療報酬額を低く設定すると、長期入院になればなるほど医療機関の収入が減るため、早期に退院を迫る方向に作用します。そこには、過度な安静が「寝たきり」（寝かせきり）につながるため早期離床によるリハビリ効果を促す、という側面もあるにはあったようですが。

ところで今、急性期病院に入院するとすぐに次の転院先（施設等）を探さなければならない、そんな話を聞くことはありませんか。高齢者医療の診療報酬を低く抑えた1980年代の延長です。それで、言われるがまま転院する

2) 厚生労働省「令和4年簡易生命表」
3) 1984年までの健康保険本人は10割給付で、窓口一部負担はありませんでした。
4) 社会的入院とは、医学的には積極的な入院・治療を要しないにもかかわらず、生活上の都合によって長期に入院を続けることをいいます。
5) 1983年、当時の大蔵大臣が発言し、物議を醸しました。

のですが、結局、転院先で寝たきりになってしまうこともめずらしくありません。

一方、1980年代は高齢者介護をめぐる議論も活発になりました。国民の関心も徐々に高まり、多くの日本人が福祉先進国といわれる北欧三国（デンマーク、スウェーデン、ノルウェー）[6)]を視察したのもこのころです。日本でも、1987年に「社会福祉士及び介護福祉士法」が成立。社会福祉士、介護福祉士という国家資格、福祉の専門職が誕生しました。

1990年代になると、介護への関心は一層高くなります。1994年には、高齢化率14％超の高齢社会になりました。その3年後（1997年12月）、ようやく「介護保険法」が成立します。ただし、施行は2000年から。運営体制など、まだまだ準備不足だったのかもしれません。

そうこうしているうちに、2007年に高齢化率が21％を超え、超高齢社会に突入です。総務省は、現在の高齢化率を29.1％と発表しました。この％は、まだまだピークではありません。

[3 今の高齢者は「逃げ切り世代」？]

日本の人口は、2008年の1億2,808万人をピークに減少しはじめました[7)]。多産少死といわれた高度経済成長期を経て、今は少産多死の時代。人口減少は、毎年多くの高齢者が亡くなる一方、生まれてくる子どもが少ないことによって続きます。生まれた以上は誰もが歳をとりますから、総人口という母数が減るなかでの高齢者人口の割合は増加の一途です。

したがって、超高齢社会のピークはまだまだ先。それに伴う介護は、今の若者にとってこその大問題になっていきます。

内閣府『令和5年版高齢社会白書』の推計値をもとに、2025年、2035年、

6) 北欧三国は、高負担・高福祉といわれます。それに比べて日本の消費税率は低いのですが、国の税収全体に占める消費税の割合は北欧三国より高いといいます。
7) 総務省統計局「統計が語る平成の歩み」

2045年、2070年をみていきましょう。

2025年、団塊の世代[8)]がすべて後期高齢者（75歳以上）になるといわれています。75歳を過ぎるころから要介護者も徐々に増加します。今はまだ元気な親でも、団塊ジュニアの皆さんは、そろそろ老親介護の準備が必要になってきます。

2035年、2025年から10年後になりますが、団塊の世代が85歳を迎え、85歳以上人口が1,000万人に達します。85歳を過ぎると約半数が要支援・要介護というデータ（図表3-1）もあります。そのころ、団塊ジュニアの皆さんは何歳になっているでしょうか。

2045年、このころ高齢者人口がピークを迎え、3,945万人を超えると推計されています。今、働き盛りの40代が高齢者になっています。仕事をリタイアし、年金暮らしがはじまるころ、90代の老親介護に直面しているかもしれません。

図表 3-1　年齢階級別の要介護認定率

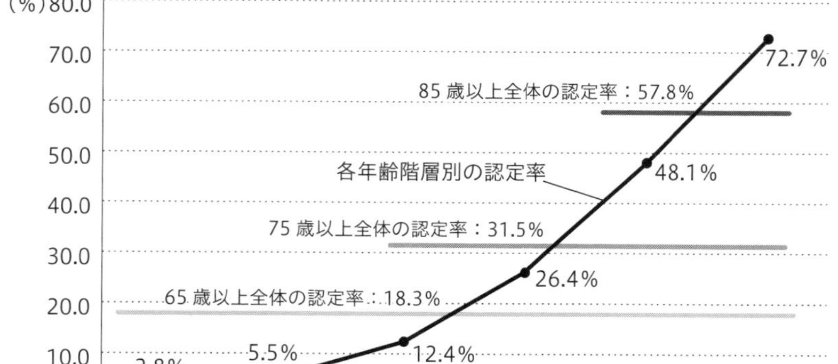

出所：厚生労働省『令和4年版厚生労働白書』をもとに筆者作成

8）この名称は、堺屋太一氏の小説『団塊の世代』（1976年）によって広まりました。団塊の世代は、1947年から1949年に生まれた第一次ベビーブーム世代をさします。その子ども世代が第二次ベビーブーム（団塊ジュニア）です。なお、第三次ベビーブームは起きませんでした。

2070年、高齢化率は38.7％です。21世紀生まれの若者たちがすでに高齢者です。内閣府『令和2年版高齢社会白書』では、「65歳以上の者1人に対して現役世代1.3人という比率」が予測されています。

平均寿命は、コロナ禍の2021年、2022年にわずかに下がったものの、長期的には延び続けています[9)]。ですから、今の若者たちは、おそらく100歳前後の老親介護を担う時代を生きることになるでしょう。

およそ40年から50年先、今よりも圧倒的に高齢者、要介護者が増えるであろうことは想像に難くありません。そんな社会が到来するとわかっていながら、介護を担う社会的基盤はとても脆弱です。とりわけ介護職員の不足が深刻な今、自分の親のみならず自分自身に介護が必要になったとき、誰が介護を担うのでしょうか。そう考えると、今の高齢者は、かろうじて介護サービスが受けられる「逃げ切り世代」なのかもしれません。

厚生労働省は、2019年を起点に、2025年には32万人、2040年には69万人の介護職員が不足すると分析しています[10)]。2019年でも介護職員が充足していたわけではありませんから、実際にはもっと深刻です。このことは、介護に従事する人が減っているからではなく、介護需要の高まりに追いつけない状況を示しています[11)]。

介護だけではありません。厚生労働省『令和4年版厚生労働白書』は、「2040年、医療や介護などの就業者数は約100万人不足する」と指摘しています。今の高齢者に限らず、人生の終盤、私たちの暮らしはどうなるのでしょうか。誰が支えてくれるのでしょうか。

女性は出生数の半分

少子化を、将来出産可能な女性の数の減少という視点からみるとどうでしょうか。

9）厚生労働省「令和4年簡易生命表」

10）厚生労働省「第8期介護保険事業計画に基づく介護職員の必要数について」

11）追いうちをかけるように、2022年には介護業界に就職する人より退職する人が増えてしまいました。

2024年の出生数を約70万人と仮定すると、女性はその半数、35万人ほどです。将来、その女性たちが1人ずつ出産したと仮定して出生数は35万人、生まれてきた女性はその半数の17.5万人です。つまり、思いきった少子化対策を実施できたとしても、あと数年、数十年、出産可能な女性の減少が続きます。そのため、人口減少はまだまだ続くのです。

4 ひとり暮らし、無縁社会、孤立死

ところで、あなたはひとり暮らしでしょうか。ひとり暮らし予備軍でしょうか。

今、孤独死が増えています。実はこの孤独死、高齢者ばかりではありません。65歳未満の人もいるのです。今の地域社会は、無関係なひとり暮らしの集まり、無縁社会、絶縁社会になりつつあるといわれます。そのなかで、ひっそりと亡くなる人が増えています。孤独死というより孤立死です。

かつてのご近所や大家族のように、「誰かの目がある・手がある」という暮らしは激減しました。「自治会には入らない」「他人とはかかわりたくない」「自分のことは自分でするから放っといてくれ」など、近隣とのつながりが薄れています。管理組合が成り立たないマンションもあるといいます。

家族の人数（世帯構成員）もどんどん減りました。2020年をみると、全世

図表 3-2　2020年世帯数の世帯構成員別割合

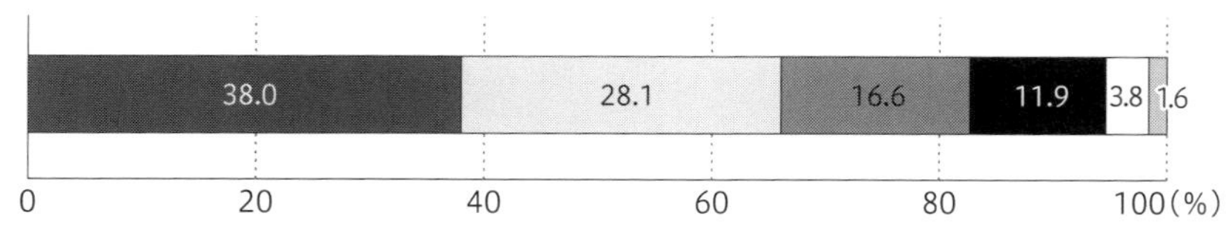

1人　2人　3人　4人　5人　6人以上

・2人世帯は、おおよそ1人世帯予備軍です。

出所：総務省統計局「令和2年国勢調査人口等基本集計結果 結果の概要」をもとに筆者作成

帯数のうちひとり暮らしは38.0％、2人暮らし28.1％、3人暮らし16.6％という状況です（図表3-2）。2040年には、国民の半数以上がひとり暮らしになるともいわれます。ソロ社会の到来です。

ここには未婚者の増加も影響しています。1980年の50歳男性未婚率はわずか2.6％、女性4.5％でしたが、2020年にはそれぞれ28.3％、17.8％になりました[12)]。今も増えつつあります。

DINKs[13)]という言葉が流行った時代もありました。シングルの家庭も増えました。2022年の合計特殊出生率は1.26まで下がり[14)]、人口置換水準（2.1）[15)]には遠く及びません。

気ままなひとり暮らしもあれば、ひとり暮らしを余儀なくされた人も増えたのではないかと思います。この先、世帯を構成する人数は増えそうになく、若年世代からのひとり暮らしがそのまま高齢者のひとり暮らしになるケースも少なくないことでしょう。

ひとり暮らしが増えれば、単身の要介護者も増えます。ひとり暮らしが続くと、自分の状態を客観的に見ることがむずかしくなります。周囲からの指摘もなかなか期待できず、いつの間にか重度の要介護者になってしまう可能性も高まります。

さらに、「ヘルパーに頼むから」「いよいよとなったら施設に入るから」という高齢者も多いと思います。気持ちはわかりますが、訪問介護事業所も高齢者施設も、人手不足は深刻です。ヘルパーを頼んでも、来てくれるかどうかわかりません。施設に空きがあっても、入れるかどうかわかりません。事業所の休廃業・倒産も増えています。誰があなたの介護を担うのでしょうか。

ひとり暮らしが増えれば、孤独死も確実に増えます（図表3-3）。孤独死も一種の在宅死ですから、「自宅で最期まで」を全うしたと考えれば本望かも

12）国立社会保障・人口問題研究所「人口統計資料集」（2023年）

13）DINKs（ディンクス）は、Double Income No-Kidsの頭文字です。共働きで意識的に子どもをもたない夫婦の考え方や生活観を表します。

14）厚生労働省「令和4年（2022）人口動態統計月報年計（概数）の概況」

15）人口置換水準とは、人口の増減がない状態になる合計特殊出生率で、現在、2.1以上とされています。

図表 **3-3**　東京都区部における孤独死に関する統計

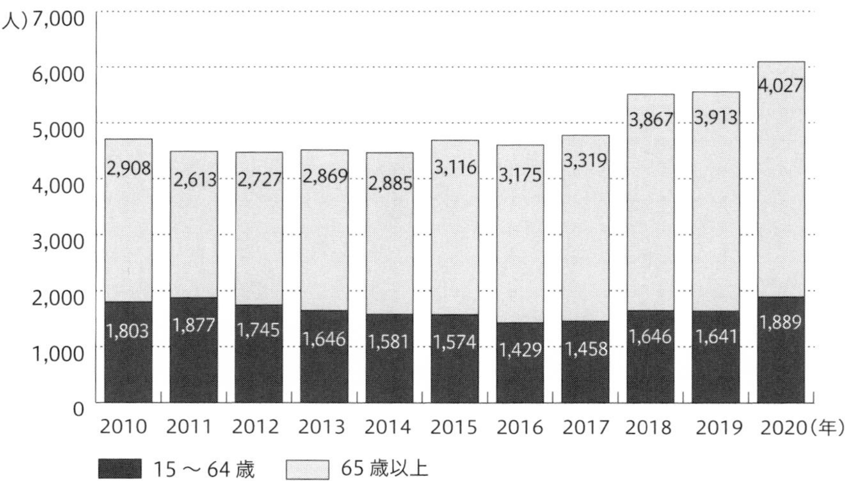

出所：東京都保険医療局東京都監察医務院
「東京都監察医務院で取り扱った自宅住居で亡くなった単身世帯の者の統計」平成22～令和2年
https://www.hokeniryo.metro.tokyo.lg.jp/kansatsu/kodokushitoukei/index.htmlをもとに筆者作成

しれません。それでも気がかりなのは、死後1週間たっても半年たっても発見されない在宅死、社会とは無縁の孤立死という事態です。

［ 5　セルフネグレクト ］

セルフネグレクトという言葉を聞いたことはありますか。

ネグレクトという言葉は、児童虐待のニュースなどで耳にしたこともあるかと思います。無視、放任、放置などを表す言葉です。セルフネグレクトとは、ネグレクトが自分自身に向けられた状態です。自己放任などと訳されます。何ごとにも意欲がなくなり、社会との接点を失い、ふだんの暮らしを保てず、結果的には自らの生命を危うくします。自覚のない緩やかな自殺ともいわれ、決して高齢者だけの問題ではありません。孤独死における死亡時の平均年齢は61.9歳、0～14歳を含む65歳未満の孤独死が49.4％という統計もあります[16]。

孤立死の現場に多く立ち会ってこられた、遺品整理人の横尾将臣さん[17]にお話をうかがいました。

「我々が依頼を受ける特殊清掃の場合、ご遺体の多くがセルフネグレクトであることを感じます。室内はゴミ屋敷になっていることが多く、近隣とのおつきあいやご家族との関係もなく、本当に本当に世間から孤立して亡くなられたのだなあ、と思うことが多いです」

たとえ、多額の貯金があっても、人づきあいの多かった人でも、ひとり暮らしを長年続けていると、他者との縁が薄まります。「さあ、今日からセルフネグレクト」と、自ら宣言してそうなる人はいません。いつの間にか世間から孤立し、自分でも気づかないままセルフネグレクトに陥り、孤立死[18]に至ります。

ひとり暮らしばかりとは限りません。中高年の夫婦の場合、しっかりしているつもりでもいつの間にか老々介護[19]になっていることもしばしばです。「まだ、施設には入らなくても大丈夫」「誰にも迷惑はかけないから」を繰り返しながら衰弱し、いつしか一方が亡くなっているケースもあります。そのことに気づかず、やがて二人の遺体が発見されたというニュースもありました。

孤立死の場合、遺体はいつ誰に発見されるのでしょうか。引き取り手のない遺体もあります。長期間、発見されなかった遺体は腐敗します。その事後処理がどれほどのことか、現場を直接知らない私には想像が及びませんが、

16）一般社団法人日本少額短期保険協会孤独死対策委員会「第７回孤独死現状レポート（2022年11月）」

17）メモリーズ株式会社代表取締役。NHKの番組『プロフェッショナル―仕事の流儀』（2018年）にも紹介されました。

18）孤独死と孤立死に明確な定義はありませんが、内閣府『平成22年版高齢社会白書』は「誰にも看取られることなく息を引き取り、その後、相当期間放置されるような悲惨な『孤立死（孤独死）』…」という表現を使っています。孤立死は、孤独死よりさらに孤独が際立ちます。

19）今後、高齢者夫婦だけでなく、兄弟姉妹や親子間の老々介護が増えると予想されています。

ソロ社会の到来はそうした事案の発生が増加することをうかがわせます。
先述の横尾さんは、「72時間以内に発見できるような地域でのつながりが大切」と言います。
「孤独死は避けられなくても、社会的孤立は避けられる」
横尾さんは、暮らしの場がある地域で、地域の誰かと、どこかとつながること、社会的孤立を防ぐことの大切さを訴えています。

ゴミ屋敷、「物」屋敷

テレビでは、道路など公共部分にゴミがあふれ出たゴミ屋敷がよく紹介されますが、実は外から見えない室内ゴミ屋敷はもっと多いといわれます。
また、ゴミ屋敷ではなくても、「物」が多すぎる暮らしを何とかしたい、不用品を処分したい、という関心も高まっています。快適な暮らしを維持するために、「物」の整理も高齢期の備えとして心がけたいものです。
最期は、「物」より、ケアに包まれて。

6 「いよいよとなったら、介護のお世話になるから」

「そろそろ介護保険を利用したら？」と老親に勧めると、よく返される言葉が「いよいよとなったら……」です。
「いよいよとなったら……」というのは、重度化してから、ということでしょうか。重度化を待つより、介護保険をさっさと使って重度化予防をしたほうがいいはずです。
介護保険の相談そのものが、地域資源とのつながりです。ひとり暮らしでも社会から孤立しない。介護保険の利用は、介護予防にもつながるのです。
ではなぜ、「いよいよとなってから……」と言ってしまうのでしょうか。
その理由の一つに、介護保険の利用を「恥」だと考える人がいます。

「他人様のお世話になるなんて情けない」

介護を要する自分自身の現実から目を背けようとします。介護保険を使っていても、要介護者の存在を隠したり、人目を避ける家族もあります。

介護保険の利用を「恥」だといわれると、介護の仕事は何といえばよいのでしょうか。

人々はどの時代も、社会的弱者や困窮者に何らかの形で手を差し伸べるメカニズムを社会に組み込んできました。近代以降は民主主義と基本的人権を携え、社会保障制度として確立してきました。本人や家族の責任に帰すことができない困難を社会で助け合う、これを権利として認め合う、それが21世紀の私たちのはずです。

介護保険の利用を、「恥」ではなく権利として行使するなら、介護の仕事は権利を護り、権利を実現する仕事になるのです。

[7 ピンピンコロリはむずかしい]

ピンピンコロリを望む人は多いと思います。実現できるのでしょうか。

若くて元気なときには、自分の老い・衰えは想像しにくいものです。私も高齢者ですが、90歳や100歳の自分のことはイメージできません。どうしても、現在の気力・体力で将来を考えがちです。核家族化が進み、高齢者が身近にいないという現状も、想像力を乏しくしてしまうのでしょうか。

「健康寿命[20)]を延ばしてピンピンコロリ」をイメージしながら、健康づくりに励む人も多いと思います。ですが、健康寿命が延びれば平均寿命も延びます。個人差はあるものの、その差は、男性が約9年、女性は約12年です。**図表3-4**をみてもわかるように、健康寿命と平均寿命の差は縮まりそうにはありません。

20) 健康寿命は、2000年にWHOが提唱した指標です。厚生労働省は、「平均寿命から寝たきりや認知症など介護状態の期間を差し引いた期間」としています。

図表 **3-4**　平均寿命と健康寿命の推移

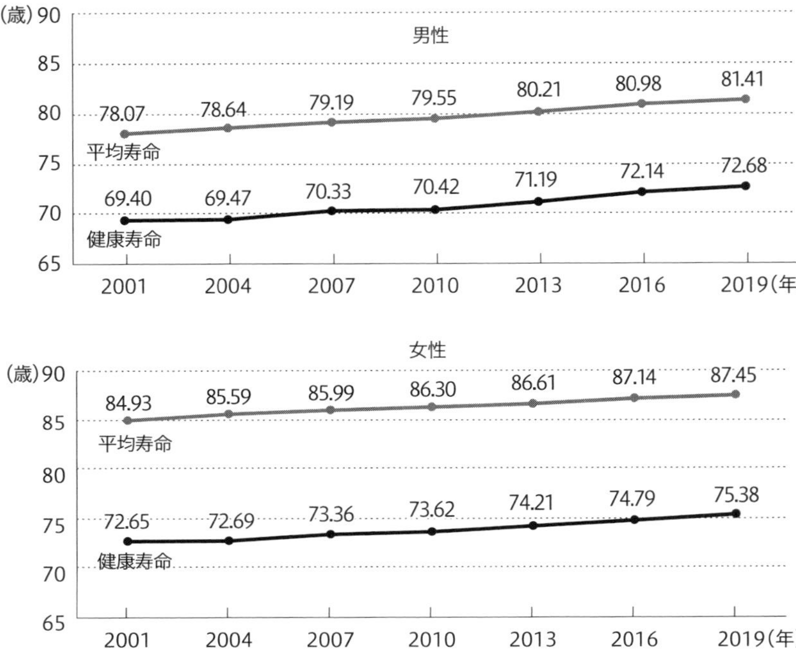

・健康寿命と平均寿命の差は、男性で約９年、女性は約12年になります。

出所：内閣府『令和５年版高齢社会白書』をもとに筆者作成

後期高齢者（75歳以上）という区分は、健康寿命とそれ以降の区分ともいえます。75歳ごろから要介護認定が増えはじめ、80歳を超えて急増。90歳以上の要介護認定率は72.7％で、女性が3分の2以上を占めるといいます（前掲図表3-1）。

同時に、認知症も増え続けます。人生100年時代とは、ピンピンコロリの願いがかなわなかった人が身近にたくさんいる、そういう時代です。

人類史上、高齢者がこれほど多数を占める社会は初めてです。この事態は、老い・衰えつつある社会的弱者を包摂する社会、老い・衰えようとも参加できる社会をどう創るのか、という課題を私たちに突きつけています。

人間は、生まれた以上、老いも死もあたりまえです。死ぬまでの過程に成長も衰えもあり、障害をもつことも認知症になることもあり得ます。望んで努力すればピンピンコロリが実現する、というわけではありません。要介護になるか、ならないかは、自分では決められないのです。

ですが、要介護に備えるか、備えないかは、自分で決めることが可能です。備えは、健康づくりや体力づくりだけではありません。介護保険の仕組みや使い方を知ること。介護休暇・休業の活用も重要です。介護のプロはどのように介助するのか、その理論とケアスキルを学んでおくことも、介護予防、重度化予防に役立つことでしょう。

「いよいよとなったら……」では遅いのです。気になりはじめたらどこに相談すればよいか、自分や家族が住む地域にどのような社会資源があるのか、あらかじめ調べておくことは可能です。

＊　＊　＊

日本には、社会保障制度の一環として、国の責任による医療・年金・労災・雇用・介護の公的社会保険（図表3-5）が営まれています。なぜ、公的なのでしょうか。

たとえば頭が痛いとき、「私はお金がないので、たんこぶの治療でいいです」「私はお金持ちだから、脳腫瘍の手術を希望します」というように、支

図表 3-5　社会保障体系図

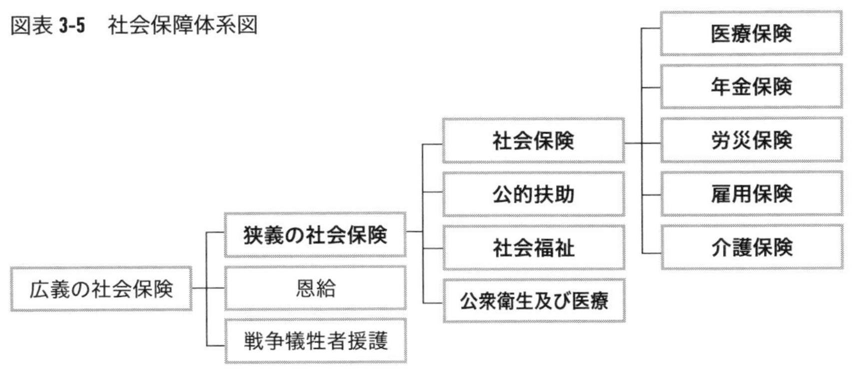

出所：『系統看護学講座 専門基礎分野 健康支援と社会保障制度（3）社会保障・社会福祉』医学書院（2022年）より筆者作成

払い能力に応じて診断・治療を選ぶことはできません。ですから、公的な医療保険で支え合います。

「いくら払って、いくらもらえる？」ではなく、「年寄りばかり優遇するから、若者が貧しくなる」でもありません。互いに支え合って生きる制度を育て、未来につなぐことが重要です。

今の社会保障制度は、まだまだ不十分です。ですから、少しでもよい制度にするために、政治的・社会的に声をあげていく必要があるのです。

社会保障を学ぶ機会を

『ヤングケアラーの実態に関する調査研究』[21)]では、家族の世話を「している」と回答した中学２年生5.7％、高校２年生4.1％になりました。ヤングケアラーです。

この子どもたちにとっては、幼いころからケアを担う家庭環境が「あたりまえ」の世界。社会的な支援が必要であることも、受けられることも、SOSを出すことも、想像すら及びません。どのように気づき、気づかせ、どのように手を差し伸べるのか、大人の問題です。

でも、大人たちも似たような状況です。社会保障とは何か、いつ、どのように活用するのか、どのような支援があるのか、そうしたことを学ぶ機会などほとんどなかったと思いませんか。

日本の社会保障の完成度は、決して高いとはいえません。それでも、私たちの暮らしを守る法的根拠がそこにあります。権利の実現を謳う憲法のもとにある制度です。義務教育はもちろん、社会人になっても社会保障を学び、制度を育て続ける社会的な機会が必要です。

加えて、ケアスキルを学ぶ機会を義務教育から取り入れるべきだと思います。障害のある人たちにどのように接し、手を差し伸べればいいのか、私たちの多くは教わっていないのではないでしょうか。

21）厚生労働省　https://www.mhlw.go.jp/content/11907000/000767891.pdf

第 4 章

ネガティブ イメージ

不景気になると介護の仕事に就く人が増え、景気がよくなると介護から離れていきます。まるで、雇用の調整弁のような扱いです。リーマンショックのころ、それがリアルに感じられました。

介護の職員不足は今も続いています。しかも、日本の人口が減少に転じた今、どの業界も人手不足が予想されます。介護の仕事は、まだまだ消去法の選択肢から抜けられそうにありません。その原因の一つに、無意識ながらのネガティブイメージがあると思います。

ところで、賃金を上げれば介護の職に就く人が増えるという声をよく聞きますが、そうでしょうか。その理屈、職員が足りていれば賃金を上げなくてもいい、ということになりませんか。介護を覆うネガティブイメージをそのままにしながら、職員不足を賃金など処遇改善だけで解決するのは、むずかしいように思います。

この章では、私が見聞きした、あえて不愉快な事例をいくつか紹介します。

[1 「こんな汚い仕事、娘や孫にはさせられないわ」]

あるヘルパーの話です。利用者宅でオムツ交換をしている、まさにその最中のことでした。利用者は、ヘルパーに向かってこう言いました。

「こんな汚い仕事、娘や孫にはさせられないわ」

事業所に戻ったヘルパーは、「悔しくて悔しくてたまらなかった」と言います。「でも、反論するわけにもいかず、顔に出すわけにもいかないでしょ。もう、二度とあの利用者のところには行きたくない」

このとき、利用者に特別な悪意があったのでしょうか。利用者は、ヘルパーに無理難題を言うわけではなく、オムツ交換には協力的に応じます。感謝の言葉も口にします。ただ、それとは無関係に、介護は「排せつの世話＝汚い仕事」という認識が深く定着しているのでしょう。何の気なしに、「汚い仕事」という言葉が出てしまいます。利用者に悪気があるなら言語道断ですが、悪気がないがゆえに「汚い仕事」という職業観の定着を強く感じます。

人格まで見下されているようで、ヘルパーは深く傷つきます。

こうした職業観には、介護に対する認識の薄さに加え、その人の育った文化や身についた教養、価値観なども反映します。こうした言動がハラスメントに該当することも少なくありません。

それにしても、どうしてそのような認識になってしまうのでしょうか。

その理由の一つに、国民は正面から「介護とは何か」を学ぶ機会がほとんどなかった、ということが考えられます。老い・衰えについて、国民の権利である介護保険について、私たちはほとんど学んでいないのです。

要介護については、「自立できなくなった人」「世話がかかる人」という程度のイメージでいる人も多いことでしょう。介護保険については、保険料はいつから払うのか、介護保険証はいつどこから手元に届けられるのか、考えたことがない人も多いことでしょう[1)]。このように、介護に伴う初歩的な知識さえあやふやなのですから、介護福祉士やヘルパーの仕事、要介護認定や受けられるサービスの種類など、当事者にならない限り知ろうとしないのが現状です。

ちなみに、介護保険法第1条（目的）には、こう書いています。

「この法律は、加齢に伴って生ずる心身の変化に起因する疾病等により要介護状態となり、入浴、排せつ、食事等の介護、機能訓練並びに看護及び療養上の管理その他の医療を要する者等について、これらの者が尊厳を保持し、その有する能力に応じ自立した日常生活を営むことができるよう、必要な保健医療サービス及び福祉サービスに係る給付を行うため、国民の共同連帯の理念に基づき介護保険制度を設け、その行う保険給付等に関して必要な事項を定め、もって国民の保健医療の向上及び福祉の増進を図ることを目的とする」

この条文から、「汚い仕事」や「排せつの世話」という低レベルな職業観が生まれてくるとは到底思えません。排せつ物ばかりに注目するような職業

---

1) 65歳になると居住する市町村から介護保険証が送られてきます。介護を受けたいときは、一般的には地域包括支援センターに相談します。その際、介護保険証が必要になります。

観は、いつの間に世間に定着したのでしょうか。このままでは、法の目的と世間にはびこる職業観との間の大きな溝は埋められそうにありません。

2 「ヘルパーさんね、勝手口に回ってちょうだい」

在宅医療や訪問看護を受けながら、同時に訪問介護を利用する高齢者もいます。

あるヘルパーが初めて利用者宅を訪問した日、インターホンで来訪を告げると、家族がこう言いました。

「あ、ヘルパーさんね、勝手口に回ってちょうだい。表玄関は、お医者さんと看護師さんだけね」

ヘルパーは、「えっ？」と思いました。勝手口から入ることはかまいません。でも、なぜヘルパーと医師・看護師との扱いが異なるのでしょうか。ヘルパーは、この家の使用人？　そういえば、ヘルパーの出入りを隠す家もよくあると聞きます。介護保険を利用すること、ヘルパーが出入りすることは、恥ずかしいことなのでしょうか。そんな疑問を抱きながら、ヘルパーは勝手口から入りました。利用者に会う前から暗い気持ちになります。

利用者の尊厳を護る、これは介護の原点です。では、ヘルパーの尊厳は誰が護るのでしょうか。こんなに簡単に踏みにじられてもよいのでしょうか。

「勝手口に回ってちょうだい」と言った利用者家族も、おそらく悪気はありません。ヘルパーの尊厳を傷つけているなど、夢にも思っていないでしょう。別の訪問介護事業所でも、同じような話を聞きます。ヘルパーを使用人扱いする事例は枚挙に暇がない、と。

「ヘルパーなんだから、○○やっといて」「ヘルパーのくせに」「金[2)]、払ってるやろ！」など、怒鳴る利用者もいれば、制度外サービスを要求する家族

---

2) 介護保険の主な財源は保険料と税金です。利用者は介護費用（公定価格）の1割（原則）を負担しますが、そのような仕組みをきちんと学ぶ機会も一般的にはほとんどありません。

もあとを絶ちません。これらの言動からは、介護保険の知識どころか、最低限のマナーすら感じられません。介護を必要とする人や家族自ら、ヘルパーの担い手を遠ざけ、介護職員の不足を助長しているようなものです。

「職業に貴賤なし」[3)]という言葉は、どこにいったのでしょうか。死語にしたくはありません。

ハラスメント対策不足

全国1,070市町村の94.0％が「介護現場のハラスメントの予防・対策は必要」との認識をもちながら、積極的な情報収集を「実施していない」94.2％、事業所運営の支援施策も「実施していない」82.6％とのこと（三菱総合研究所2021年11月調査）。

利用者や家族が加害者となるハラスメントに、介護事業所だけで対応するのは限界です。市町村の積極的な介入が不可欠です。利用者も職員も大切な地域住民です。

3 「看護師のほうが身分も上だし、お給料もいいし」

介護福祉士の資格を取って就職活動をしていた学生Cさんが、ある介護老人保健施設（老健）で面接を受けました。面接員は看護師でした。面接は順調に進み、その場で「ぜひ、来てほしい」とまで言われた直後のことです。

面接員：「せっかくだから、看護師の資格も取ったら？　看護師のほうが身分も上だし、お給料もいいし、そのほうが働きやすいわよ。あなたみたいな人、介護福祉士にしとくのはもったいないわ」

3)「貴賤」という言葉が使われはじめたのは、江戸時代です。「貴賤なし」は、士農工商の身分社会だった当時、人の価値は職業では決まらない、という進歩的な考えを表したとされます。もう21世紀。そろそろ、互いの仕事をリスペクトし合う社会にしたいと思いませんか。

Ｃさん：「えっ、あ、でも、介護の仕事が好きなので……」

Ｃさんはやっとの思いでそれだけを伝え、大学に戻ってきました。

「あんなことを平気で言う看護師がいる老健なんか、絶対に行きたくない！」と怒り心頭のＣさん。後日、合格通知が届きましたが、賢明なＣさんは就職を辞退しました。

看護と介護はよく比較されます。「かんご／かいご」、語感が似ているからでしょうか。看護と似たような仕事、看護の下請けというイメージをもつ人も多いように思います。

介護職員でさえ、何となく「看護が上」という感覚をぬぐい切れず仕事に就いている人も少なくありません。「治療はいらないから、あとは介護で」と言われ、上流から下流に流されるようなイメージを伴いながら、介護職員が高齢者の介護を担います。

看護と介護は異なる仕事です。養成課程も養成施設（教育機関）も異なります。利用者に対するアプローチも異なります。もちろん、看護師の下働きではありません。それでも、いまだに「看護が上」という認識が一部にあるのは事実です。

こんなエピソードもありました。

「忙しいの、見たらわかるでしょ。利用者の隣でのんびり話してる場合じゃないのよ！」と、看護師が廊下を走ります。ですが、その「のんびり」こそ、介護の仕事です。利用者のペースに合わせてコミュニケーションをとります。認知症の利用者が繰り返す同じ話を何度も何度も傾聴します。もし、介護職員が看護師と同じように忙しくしていたら、利用者は置き去りになってしまいます。

4　「底辺職」という刷り込み

就職・転職にインターネット情報が不可欠な今日、就職先の情報も説明会への参加もエントリーシートの記入や履歴書の送付もほとんどがインター

図表 4-1 「底辺職」と名指しされた 12 の職業

土木・建設作業員	倉庫作業員	トラック運転手	介護士
警備スタッフ	コンビニ店員	ゴミ収集スタッフ	保育士
工場作業員	清掃スタッフ	飲食店スタッフ	コールセンタースタッフ

出所：新卒向け就職情報サイト「就活の教科書」「【底辺職とは？】底辺の仕事ランキング一覧」をもとに筆者作成（記事公開は2021年5月18日、現在は削除）

ネットによって行われます。

求職者は、仕事選びの際の逆検索キーワードとして、「底辺職」を入力します。このプロセスに、往々にして介護が登場します。少なくない求職者が介護をイメージする間もなく、将来の選択肢から外していきます。

2021年5月、新卒向け就職情報サイト「就活の教科書」による「【底辺職とは？】底辺の仕事ランキング一覧」という記事が公開されました（図表4-1）。介護もその一つです。同記事は炎上して削除されましたが、さらされた「底辺職」イメージは簡単には払拭できません。

これらの仕事には、給料が安い、危険、肉体的・精神的にきつい、汚い、人が嫌がる、単なる労働力、同じことの繰り返し、誰でもできる、などのイメージがまとわりついてきます。

もう一度、図表4-1をみてください。社会に不可欠な職業の人たちが並びます。エッセンシャルワーカー[4)]です。これらの職業がなかったら、今の私たちの暮らしは成立しません。

確かに、給料は安いかもしれません。仕事もきついかもしれません。そうであるなら、エッセンシャルワーカーに対してあまりにも労働の対価が低いこと、労働環境が過酷なことを、社会的な大問題として発信すべきです。

同記事に対し、介護福祉士会は「介護職のみならず、ランキングにあげられた全ての職業に対して、その職業の本質的価値をおもんぱかることなく、ネガティブな印象を与える記事は極めて遺憾」と非難しました[5)]。多くの

---

4) 介護職員は、エッセンシャルワーカーです。反対に、「クソどうでもいい仕事」と訳されるブルシットジョブという言葉があるようです（デヴィッド・グレーバー『ブルシット・ジョブ　クソどうでもいい仕事の理論』岩波書店、2020年）。

良識ある人々は、「職業に貴賤なし」と訴えました。就活をする学生たちに伝えるべきは、このことです。

「ブラック企業」という言い方

「底辺職」と同様、就活の逆選択として登場するワードに「ブラック企業」があります。

昨今、報道機関などでは、「ブラック」という言葉をネガティブな意味に使わない、という考え方が出てきていると聞きます。人種差別を助長する……と危惧されるからです。人種差別を意図せず使用される場合が多いとはいえ、「ブラック企業」や「ブラックリスト」という言葉がネガティブ要素と結びついて使われ、「ホワイト企業」「ホワイトリスト」は肯定的に受け止められています。無自覚なまま潜在的な差別意識（アンコンシャス・バイアス）を温存する可能性がないとはいえません。

最近は、「ブラックリスト」を「ブロックリスト」、「ホワイトリスト」を「セーフリスト」というような言い換えがあるそうです。

社会的相互依存関係という言葉があります。以前、缶コーヒーのCMに「世界は誰かの仕事でできている」というフレーズがありました。同義語と解釈しています。

日々、誰かがつくった食べ物を食べます。服を着ます。誰かが建ててくれた家でトイレもお風呂も使います。誰かが舗装した道を歩き、誰かが整備した電車で通勤します。体調が悪ければ医療機関に行きます。薬も飲みます。子どもは保育所で元気に育ちました。母は高齢者施設で亡くなりました。食品や日用品の配達もしてもらいます。

暮らしに欠かせない一つひとつのモノや仕組みや機能のすべてが、誰かの労働でできています。その社会的相互依存関係に依存して私たちの暮らしが成り立ちます。介護もそうした労働の一つであり、人々の暮らしを支える仕

---

5) https://www.joint-kaigo.com/articles/311/　Joint介護ニュース（2022年7月8日閲覧）

事です。

私が勤務した短期大学の卒業生は、介護の仕事にやりがい、働き甲斐を感じています。ただ、施設・事業所によっては、「やりがい詐欺」と言いたくなるようなきつい現場もあり、離職に追い込まれる卒業生がいることも確かです。それでも、彼らはまた、介護の現場に就職します（第6章 図表6-6参照）。介護の仕事が好きだからです。

介護現場の労働環境改善・刷新も大きな課題ですが、介護に就く人々を見下し傷つけるような言動も現場を疲弊させてはいないでしょうか。介護職員の不足を助長してはいないでしょうか。

マンションの配管工事

バブル期のころに見たニュースの記憶です。

億ションといわれる高級マンションの近くの公園に多数のホームレスが暮らしていました。マンションの住人は、「景観を損なう」だの「資産価値が下がる」だのを理由に、ホームレスの立ち退きを要求していました。でも、彼らの行く先は保障されていません。

ホームレスの１人がこう言いました。

「あんたらのマンションのトイレな、配管工事したん、わしらや！」

5 「介護だけはやめとけ」と言われて

子どものころ、「大人になったら、何になりたい？」と聞かれた経験があると思います。「介護のお仕事！」と答える子どもはどれくらいいるでしょうか。

今、小・中学生の「なりたい職業ランキング」[6]に介護は登場しません。そもそも選択肢に入ってこないのでしょう。小学生くらいの年齢で介護にかかわることは、あまりありません。介護の仕事は、アーティストやスポーツ選手のようにビジュアルなイメージが伴うことも少なく、保育士や幼稚園・学校の先生のように直接かかわることもありません。そんな彼らに、インターネット社会は介護のネガティブイメージを容赦なく刷り込んでいきます。

小・中学生の仕事の選択肢にないのですから、高校生の選択肢にもなかなか登場しません。さらに、高校の進路指導部が介護を遠ざけてしまいます。

私たち介護福祉士養成校の教員は、学生確保のために高校の進路指導部を訪問します。進路指導室の教諭に自校をアピールし受験生を送ってもらうよう働きかける、要するに営業です。

「介護の希望者はいません」と言われることが、年々多くなりました。本当にいません。「介護の仕事に興味があります」という生徒に出会ったこともありますが、「先生に相談したら、介護だけはやめとけって言われました」と、遠ざかっていきます。進路指導や担任の先生の気持ちは、大切な生徒を「底辺職」といわれるような職場には送れない、という親心なのでしょう。それにしても、高校生がときおり抱く介護へのわずかな興味すら、なかなか成就しない環境を思い知らされます。

就職組の多い高校に訪問すると、介護施設に就職が決まったという生徒に出会うこともありました。介護を選んでくれたことはとてもうれしいのですが、進学よりも就職を優先するその背景には、必ずといっていいほど貧困があります。家には進学するだけの経済力がなく、本人の学力も決して高くありません。職業を選択するというよりは、すぐに採用されてお金になるところ、それが介護を選ぶ動機だったりします。あらゆる局面で、高校生本人にはどうにもできない格差を背負わされたまま、介護現場という社会に出ます[7)]。

図表4-2は、介護サービス業を将来の就職先として考えるか、という問いに対する学生の回答です。「時にはモデル 介護の印象覆す」という見出しで、『日経新聞』(2021年3月10日付)に掲載されました。介護福祉士としてア

---

6) 大手リサーチ会社による意識調査をはじめ、いくつかの調査をインターネット検索しましたが、残念ながら、介護職は「なりたい職業ランキング」に登場しませんでした。

7) 第5章「介護福祉士養成校の苦悩」参照

図表 4-2　介護サービス業を将来の就職先として考えるか

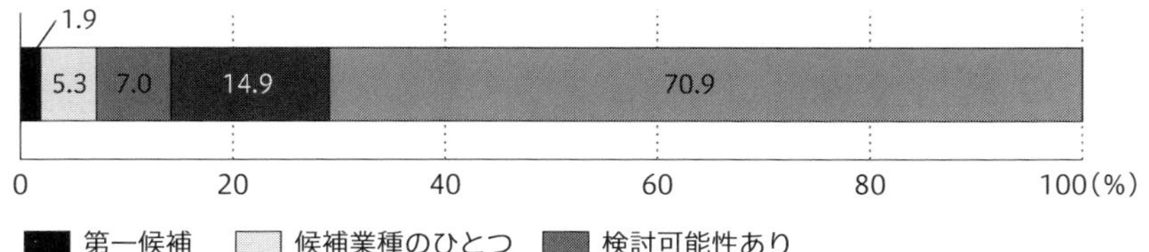

・介護福祉士養成校入学者の減少（特に日本人入学者）をみる限り、この傾向は続いています。

出所：独立行政法人労働政策研究・研修機構資料シリーズ No.161「介護人材確保を考える」（2015 年 10 月 8 日）をもとに筆者作成

カデミックな視点から研究・発信を続けるモデルが紹介され、介護を応援する心強い紙面でしたが、「介護を志す学生は少ない」という現実も同時に突きつけられました。

芸能人の罰ゲーム？

芸能人が不祥事を起こした後、介護施設で働いたとか、ボランティアをしたとか、介護福祉士の資格を取ったというニュースを聞くこともありました。

その後、無事に芸能界復帰。

介護施設で働くのも、ボランティアをするのも、介護福祉士の資格を取るのもすばらしいことですが、介護って芸能人の罰ゲーム？

だとしたら、ちょっと不愉快です。

6　国立大学は介護福祉士を養成しない？

さて、就職組がめったにいない偏差値の高い高校はどうでしょうか。訪問したこともありますが、介護というだけでほとんど相手にされません。門前払いです。進学校の生徒たちは、一生涯、介護とは無縁であるかのようでした。

進学校の高校生は、偏差値の高い国立大学や全国的にも著名な私立大学に進学します。そうした大学の福祉系学部・学科には、高齢者・障害者福祉や介護保険制度・政策などを論じる授業もあれば、熱心な研究者もいます。ですが、そこに社会福祉士養成課程はあっても、介護福祉士養成課程はめったにありません。

現在、介護福祉士養成課程のある教育機関は、専門学校だけで6割以上、短大を合わせて8割になります（第5章　図表5-2参照）が、いずれも4年制大学ではないため、研究を主とした大学院を設置することはかないません。教育機関の格差を感じます。

私は、ある著名な私立大学の教授から、「社会福祉士のほうがずっとむずかしいよ。介護は簡単だからね、誰でもできるよ」と言われたことがあります。「簡単」「誰でもできる」。この言葉に「わざわざ著名な大学が取り組むことではない」という響きを感じてしまいました。

介護福祉士養成課程を設置した私立大学はどうでしょうか。入学希望者が多かったのは最初のころだけでした。当初は、介護福祉学部・学科として設置したものの、徐々に受験生が減少。定員を満たせないようになると、他の学部や学科に吸収され、より小規模なコースや専攻科として再編されました。それでも学生が集まらない。やがて、閉科を余儀なくされます。

私立大学にとって学生が集まらないということは、経営の重荷になるということです。学生数が学部・学科単位で定員の50％を切ると、私学助成金の対象から外されるのです。

私が勤務した短期大学も、文部科学省の指導で縮小せざるを得ませんでした。開学当初（2002年）、夜間部も含めて90名定員だった介護福祉士養成課程が今では昼間部のみのわずか15名。その15名を集めることすら至難のワザです。しかも、3割は外国人。養成校によっては、すでに外国人100％のところも存在しています。

大介護時代を目前にしながら、介護人材の育成・確保という社会的要請に応えることは、本来、国の責務です。文部科学省も厚生労働省も、介護福祉士養成課程のある大学や専門学校に助成し、ないところには設置を促すべきではないでしょうか。そして、介護を覆うネガティブイメージを一掃する教育をしながら、人権意識の醸成とともに介護人材の育成・確保を図るべきではないでしょうか。

なお、これほど介護職員が不足するとわかっていながら、国立大学[8]には介護福祉士養成課程が一つもありません。この事実にも国の姿勢が示されているように思います。

＊　＊　＊

介護は暮らしに密接に結びついています。介護は、利用者と介護職員が共有する時空間で行われる営みです。そんな介護の性質上、利用者と介護職員の信頼関係は欠かせません。

介護では「利用者に寄り添う」というフレーズがよく使われます。ですが、介護職員が見下されたり、差別されたり、理不尽な扱いを受けるようでは、当然ながら「利用者に寄り添う」のは無理なのです。

「こんな汚い仕事」「勝手口に回ってちょうだい」「ヘルパーのくせに」「看護のほうが上」「底辺職」「介護だけはやめとけ」……これらの一つひとつに、「そもそも介護とは」と、相手を捕まえて反論すべきでしょうか。

それより、こんな不愉快なことが起きないよう、多くの人々が「介護とは何か」を学び合う社会的な機会が必要です。そのためにも、「国立大学は介護福祉士を養成しない」という状況を放置してはならないと思います。

Basic Literacy in Human Rights

介護は、人が人を護るために人に手を差し伸べる行為であるともいえます。対象は、高齢者に限りません。この行為を、「基本的人権を尊重する立ち居振る舞い」と表現したいと思います。ちなみに、日本語だと長いし堅苦しいの

8）国立大学は独立行政法人という事業体になりました。他大学との競争にさらされ、介護福祉士養成課程を設置しても競争（学生募集）に打ち勝てない、ということなのでしょうか。

で、Basic Literacy in Human Rights という英語にしてみました。私の勝手な造語です。

民主主義と不可分の基本的人権を、法律や論文、学術書などに鎮座させたままにせず、むずかしい話ばかりに終わらせず、人と人とが相対する立ち居振る舞い（所作、言動）へと消化し、義務教育から誰もが身につけ、日常的に使いこなしていければ理想的です。

第 5 章

介護福祉士養成校の苦悩

ネガティブイメージの影響でしょうか、介護福祉士養成校にはなかなか学生が集まりません。大介護時代を目前にした介護需要の高まりとは逆に、養成校は瀕死の状態です。それでも養成校は介護福祉士養成教育を行い、施設・事業所は実習生を受け入れています。介護の必要性がより高くなる時代に、介護福祉士という専門職養成の灯を消してはならないと思います。

この章では、私が勤務した短期大学[1)]（以下、本学）の現状を中心に、学生の貧困に焦点をあてて紹介します。貧困と学力の教育格差、その現実を本学で目のあたりにしてきました。もちろん全学生に共通するものではありませんし、この状況をすべての介護福祉士養成校にあてはめることもできません。ただ、程度の差こそあれ、似たような状況が推測されます。

[1　介護福祉士という資格、知っていますか？]

介護福祉士は介護の専門職です。社会福祉士、精神保健福祉士とともに三福祉士といわれる国家資格です。

一般的に、介護施設・事業所で仕事をしているのは、介護福祉士、介護福祉士実務者研修または介護職員初任者研修（旧ヘルパー2級）の修了者といった有資格者が大半です。ただ、無資格でも介護の仕事に就くことができ、働きながら介護福祉士の資格を取得した人も大勢います。

ところで、テレビや新聞で「介護士」という言葉をよく見かけます。高齢者施設には、「介護士」と書かれた名札をつけている人もいますが、これは資格名称ではありません。介護福祉士やヘルパーなど有資格者をまとめて「介護士」という場合もあれば、無資格でも現場に入ればすべて「介護士」という場合もあります。とてもあいまいな言葉で、「介護士」だけでは資格の有無はわかりません。施設や事業所によっても使い方がマチマチです。

1）大阪健康福祉短期大学（本部：大阪府堺市）は、介護福祉士、保育士、幼稚園教諭２種免許を取得できる教育課程を設置しています。

ちなみに、介護福祉士の略称として「介護士」を用いるというマスコミもありますが、現場の人たちが使う略称は「介福（かいふく）」が多いと思います。

さて、介護福祉士になるには、まず国家試験受験資格を得る必要があります。そのためのルートは、大きく分けて二つ。一つは、大学や専門学校で実習を含む1,850時間以上の教育を受ける養成校ルート（図表5-1①）、もう一つは、450時間の実務者研修と3年以上の実務経験による実務経験ルート（図表5-1②）です。他に、福祉系高校で学ぶルートもあります（図表5-1③）。いずれも、厚生労働省がカリキュラムを定めています。

この複数のルートに対して、国家試験受験資格を養成校に一本化し質の向上を図るべきだ、という主張があります。少なくない養成校がそう考えています。介護に対する知識・理論・実技・実習など1,850時間という集中した教育によって裏打ちされる必要性があると考えるからです。それが介護の質と介護職員の成長、社会的評価の向上につながる土台だと考えるからです。養成校の教員も、介護教員講習会（300時間）が義務づけられ、決して「誰でもできる」につながるような内容・仕組みにはなっていません。

図表 **5-1**　介護福祉士になるには

【介護福祉士になるには】
①養成校ルート：実習を含む1,850時間（通学）の教育を受け、国家試験に合格した者。
②実務経験ルート：450時間（通信併用）の研修と3年間の実務経験を経て、国家試験に合格した者。 ※上記①の養成校より教育時間が1400時間少ない課程です。
③福祉系高校ルート：介護福祉士養成の高校を卒業し、国家試験に合格した者。 ※いずれも、まず介護福祉士国家試験受験資格を得ます。その後、国家試験を受験します。 ※国家試験が不合格でも、5年間介護業務に従事すれば介護福祉士資格を取得できます。
【介護福祉士実務者研修とは】
上記②の実務経験ルートのうち450時間（通信併用）の研修のこと。
【介護職員初任者研修とは】
旧ヘルパー2級養成講座に相当する研修のこと。研修は130時間。 ※介護福祉士国家試験受験資格は得られません。

出所：基本は厚生労働省
（平成28年「第7回社会保障審議会福祉部会福祉人材確保専門委員会　参考資料1」など）による。
他に、介護福祉士養成課程テキスト、実務者研修テキスト、初任者研修テキストを参考に筆者作成

この国家試験受験資格を養成校に一本化すべきという主張とは逆に、複数のルートを残しておくべき、という現場からの主張もあります。今、働いている職員の育成を第一に、実務経験を生かした介護福祉士資格の取得を優先すべきという主張です。そうしなければ介護職員の量的確保が追いつかず、人手不足に拍車をかけ、結局、質の維持・向上がむずかしくなるといいます。

結果的には複数のルートが存在し続けています。現場では、ヘルパーや初任者研修を修了した職員が働きながら実務者研修450時間と国家試験を経て介護福祉士になるというケースが増えました。本学の実習施設などでも、現場の介護福祉士8〜9割が実務経験ルートによる有資格者のようです。

いずれのルートにせよ、現場の職員全体に占める介護福祉士の割合は約半数に迫り[2)]、今後も増えていくことでしょう。専門職としての期待は大きくなっています。

一方、国の介護福祉士養成に対する姿勢はというと、第4章の6でも述べたように国立大学が介護福祉士養成に取り組まない現状に加えて、「国家試験が不合格[3)]でも5年間勤務すれば自動的に介護福祉士の資格を得られる」という安易な施策が採られています。養成校や現場の努力を無視するかのように「質より量」。こうした国の姿勢こそ、介護の社会的評価を貶めているのではないでしょうか。

資格を表すのは介護士ではなく介護福祉士

厚生労働省は、当初「介護士」という名称を用いるつもりでした。でも、介護は単なる介助ではなく、その人の尊厳を護り、暮らしを支えることです。多くの現場職員や社会福祉の研究者らがこだわり、「介護士」ではなく「介護福祉士」という名称になりました。それなりに歴史的経過を有する名称

2）厚生労働省「2019年度介護報酬改定について〜介護職員の更なる処遇改善〜」によると、2016年の介護職員（実人員）に占める介護福祉士の割合は45.2%でした。

3）国家試験に不合格の場合、准介護福祉士という資格が与えられます（2022年4月から「社会福祉士及び介護福祉士法」の一部改正による令和9年3月末までの経過措置）。これも安易な施策です。

です。

ちなみに、介護福祉士は「それを名乗ることができる」名称独占という資格です。ですから介護士は、介護福祉士と名乗ることはできませんが、無資格でも介護業務に就くことはできるのです。医師のように「その資格がなければ、その業務に就けない」という業務独占とは異なります。

[2 介護福祉士養成校の減少]

私は、2002年から介護福祉士養成課程のある本学に勤務してきました。受験生がじわじわと減りはじめたのは、介護保険が施行されてから5年もたたないころでしょうか。「このままで、大丈夫？」と、薄々感じるようになりました。

さらに、数年。受験生の減少だけではありません。介護福祉士養成校の数も減っていきました。現在、介護福祉士養成課程を設置している教育機関の推移は図表5-2にあるとおりです。本当に少なくなりました。実務経験ルートという資格取得の道があるとはいえ、介護福祉士養成課程という正規カリキュラム1,850時間を行う教育機関をこんなに減らしてしまっていいのでしょうか。時間をかけて教育を行う必要はないのでしょうか。

図表5-3は、介護福祉士養成校の定員数と入学者数です。左の棒グラフが定員数、右の棒グラフが入学者数です。折れ線グラフだけをみると、定員充足率が2018年から上向きのようにみえますが、これは定員（母数）が減ったことに加え、外国人が増えた影響です。

2023年度の定員12,089人、入学者6,197人のうち、1,802人（29.1%）が外国人で日本人は4,395人でした。2006年（定員26,855人、入学19,289人）と比較すると、定員で半数未満の45.0%、入学者数は32.1%にまで減っています。しかも、この数字は全国の合計人数。大規模な4年制大学の1学年ほどの人数しか、介護福祉士養成校には来ないのです。

図表 5-2　介護福祉士養成課程のある教育機関数の減少

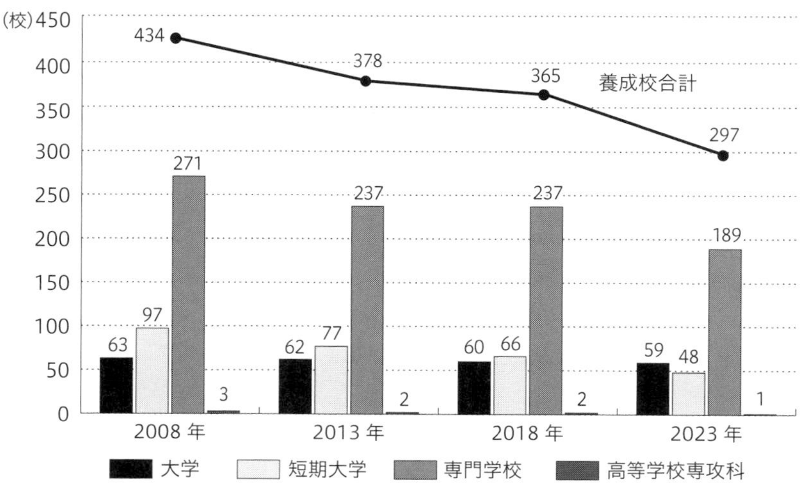

出所：公益社団法人日本介護福祉士養成施設協会 HP「会員一覧」より筆者作成（2023 年 12 月 21 日閲覧）

図表 5-3　養成校の定員及び入学者数の推移

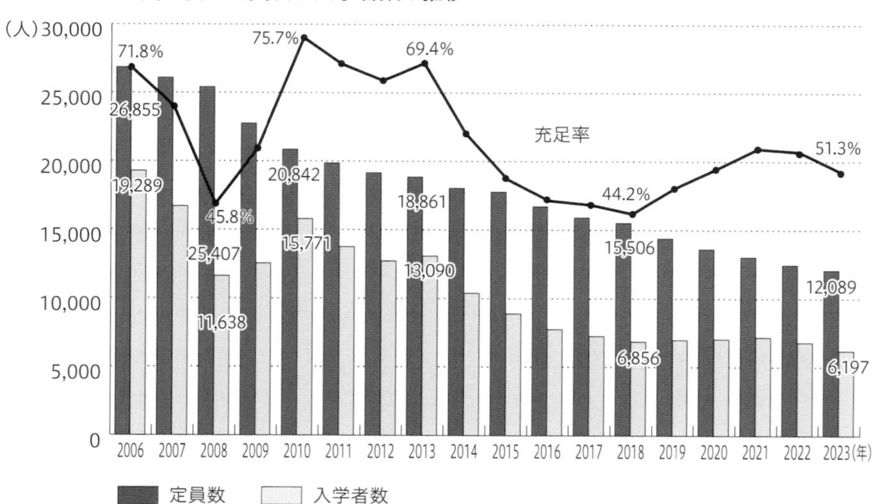

• 2018 年より定員充足率が若干向上したのは、外国人留学生の受け入れによります。
• なお、1 校あたりの入学者数は約 20 人。うち 3 割が外国人です。

出所：公益社団法人日本介護福祉士養成施設協会 HP「介護福祉士養成施設への入学者数と外国人留学生」より筆者作成（2023 年 12 月 21 日閲覧）

そうはいっても、1987年に「社会福祉士及び介護福祉士法」が定められて以来、介護福祉士有資格者は毎年輩出されています。2024年3月末現在の介護福祉士登録者数は、1,941,748人[4]になりました。それでも介護職員が不足するのは、第一に超高齢社会に伴う要介護者の増加に追いつかないこと、第二に有資格者であっても介護の仕事に就いていない潜在有資格者が20.8％になること[5]、この二つがあげられます。有資格者の20.8％は、約40万3,000人。2025年に不足するといわれる32万人を直ちに上回る人数です。

彼らは、なぜ介護の仕事に就かないのでしょうか。

いったん介護の仕事に就きながらも離職した、介護福祉士対象の調査がありました（図表5-4）[6]。最も大きな理由は「職場の雰囲気や人間関係に問題があった」40.4%です。組織文化や職場運営などが大きな課題です。次いで、「心身の健康状態の不調」「給与や賃金の水準に満足できなかった」が続きます。介護職員の低賃金は社会的な問題になり、処遇改善の施策も打たれましたが、焼け石に水。大幅な処遇改善は「待ったなし」です。低賃金は、ネガティブイメージや「底辺職」といわれる職業差別に直結し、ますます介護職員の不足を助長します。

3　「家に帰んの、イヤやから……」

学生Dさんはアルバイトに必死でした。学費も小遣いも自分で賄っています。両親は離婚し、母親と妹の3人暮らし。奨学金も借りていましたが、妹の授業料（高校）と生活費に消えているようでした。

母親に新しい彼氏ができ家庭を顧みなくなるにつれ、暮らしはひどくなり

4）公益財団法人社会福祉振興・試験センター HP「登録者数の状況」（2024年3月末）

5）公益財団法人社会福祉振興・試験センター HP「令和2年度介護福祉士就労状況調査結果」によると、介護福祉士のうち福祉・介護・医療以外の分野に従事する人（7.0%）と現在仕事に就いていない人（13.8%）を合わせ、福祉・介護・医療の分野で働いていない人は20.8%になります。

6）第6章　図表6-5には、介護福祉士以外も対象にした退職理由の調査結果があります。いずれも同様の傾向で、収入の問題以上に労働環境があげられます。

図表 5-4　介護福祉士が介護の仕事を退職（離職・転職）した理由（複数回答）

理由	(%)
職場の雰囲気や人間関係に問題があった	40.4
心身の健康状態の不調	33.0
給与や賃金の水準に満足できなかった	31.6
法人・会社の理念や方針に共感できなかった	26.2
勤務形態が希望に沿わなかった	23.3
やりたい仕事ができなかった	19.3
より魅力的な職場が見つかった	18.8
将来のキャリアアップが見込めなかった	18.1
転居（家族の転勤等を含む）	10.1
育児や介護の支援が得られなかった	7.4
人員整理、退職勧奨、法人解散等	6.5
副業・兼業ができなかった	2.9
起業・開業	2.1
その他	18.3
無回答	4.2

出所：公益財団法人社会福祉振興・試験センター HP
「令和 2 年度介護福祉士就労状況調査結果」をもとに筆者作成

ました。Dさんは時給が高い夜間のアルバイトをこなし、授業中は机に突っ伏して寝ています。夜間アルバイトの理由は、経済的な問題だけではありませんでした。

「家に帰んの、イヤやから……。あんな家、出たい。でも金ないし、妹おるし」

結果的には、さらにアルバイトの時間が増え出席が不足。定期試験の受験資格を失い、学費未納も重なり除籍になりました。

その間、Dさんとの面談はもちろん、Dさんの母親とも幾度となく話をしました、面談でも電話でも。

母親は、新しい彼氏の言うことしか聞きませんでした。それでも、Dさんの母親を悪者にすることはできません。彼女も新しい彼氏にすがる以外、活路を見いだす術をもてない人生にあることが伝わってきます。これも貧困の一つの姿です。

「さっさと学校やめて働け」

Ｄさんは、そう言われ続けていました。

私たちは、「今は、Ｄさんが学業に専念することが最優先であること、奨学金は学費に使わなければならないこと、介護福祉士の資格を取って就職すれば収入が安定すること」など、何度も何度も訴えましたが、力及ばずでした。

Ｄさんは、有利子の日本学生支援機構第二種奨学金を借りていました。退学後は、Ｄさんに借金として残ります。介護福祉士をめざすための奨学金には、条件を満たせば返還が免除される制度もありますが、有利子であっても月額の大きい日本学生支援機構第二種を希望する学生（家庭）は多く、Ｄさんもその１人でした。

Ｄさんに限らず、困難を抱えながら本学に来た学生の背景をたどると、資格を取って就職し、月々わずかな収入を得るというささやかな未来さえ簡単に断たれてしまう、そんな生活層に行きつきます。逆から考えれば、本学のような介護福祉士養成校は、資格取得によって貧困の連鎖を食い止める防波堤のような教育機関なのかもしれません。

300万円、それ出世?!

日本の奨学金は借金です。本来なら給付型であるべき公的奨学金について、政府は「出世払い」の検討をはじめたとの記事がありました（『日経新聞』2022年7月27日付）。

どういうことかというと、年収300万円以下なら奨学金の返済不要。逆にいえば、300万円を1円でも超えると「出世したので返済してください」というもの。これを「出世払い」というようです。

奨学金の申請はパソコンで行います。奨学金が必要な学生の家には、パソコンがないこともめずらしくありません。申請の際、本学では、教職員が学生につきっきりでパソコンを操作します。立ち上げからシャットダウンまで……。そうして得た奨学金が学生の借金になります。貧困の連鎖です。

なお、日本の教育機関への公的支出の割合（GDP比2.8%）は、37か国中36位（OECD、2022年10月3日発表）でした。

4 選択肢が限られた「希望」

受験生獲得のために高校を訪問すると、「介護を希望する生徒は就職を選びます」という声を聞くこともありました。収入を得ながら国家資格が取れる就職です。つまり、進学にかかる費用や学費の工面が困難な家庭は、「同じ資格やったら、働きながらのほうが得やわ」（前掲図表5-1②）という就職を「希望」するのです。ですが、これは本当に希望でしょうか。貧困の只中にいると、希望の選択肢すら最初から限られています。

Eさんもその1人でした。「同じ資格やったら、働きながらのほうが得やわ」と、介護の現場に就職しました。彼女なりの経験から、介護福祉士の資格を取りたかったことに嘘はありません。ですが、「介護福祉士、なりたかったけどやっぱ無理。向いてない」。そう言って数か月で現場を去りました。Eさんは今、介護とは無関係なアルバイトで生活しています。

わずか18年の人生経験しかない若者たちにとって、高齢者の介護現場で働くことは容易ではありません。だからこそ、養成校の正規カリキュラム1,850時間で基礎から時間をかけて学んでほしいのです。

Eさんも、現場を経験してはみたものの、国家試験どころか、介護にネガティブな印象を抱いて退職してしまいました。結局、高卒のフリーターです。これから、Eさんにはどれほどの選択肢や希望が現れるのでしょうか。

「働きながら学ぶ」ことを、業務の一環として取り入れている介護施設・事業所もあります。ただ、その情報が、介護に就職を「希望」する高校生に確実に伝わるわけではありません。高校生も「自宅から近い」「給料がいい」などの理由を優先し、深く考えたり調べたりせずに就職先を決めてしまいます。そのため、「働きながら学ぶ」イメージもプランもないまま多忙な現場に入り、あとは本人の努力に委ねられてしまいます。

私たち養成校の教員は、介護現場への就職を急がないよう、高校の進路指導部にお願いをします。若者が介護の現場で働き続けるためには、その知識と理論、考え方やケアスキルといった専門的裏づけが大切であることを痛感しているからです。

このことを理解してくれる高校の先生方にも多く出会いました。家が貧しいから、学力に困難を抱えているから、だからこそ将来にわたって働き続けるための基礎を身につけなければならないと、深く共感してくれます。それでも立ちはだかる壁、貧困をどうすることもできません。

介護福祉士養成校のすべてではないものの、少なくない養成校が「底辺校」[7)]といわれる高校の生徒を受け入れています。高校の先生たちも、生徒の家族を視野に入れ、生活保護や各種社会手当などの福祉的支援、就労支援などに奔走しなければならない現実を抱えています。

訪問した高校のなかには、入学生の約半数が中退してしまったという高校もありました。さまざまな困難を抱えた生徒たちにとって高校を卒業することがどれほど大変なことか。本学に入学した学生たちを見ていると、高校を卒業したこと、そのこと自体を讃えたい気持ちになります。

5　「母さんみたいな考えで介護したらアカン」

学生Ｆさんは、介護に興味はありませんでした。でも、他にやりたいことはなく、将来を考えて資格の取れる介護福祉士養成校に入学しました。とい

7）このような言葉は使いたくありませんが、ここではあえて使いました。高校の偏差値がインターネットにさらされ、偏差値の低い高校をさす言葉として使用されています。

うより、母親が入学させました。

Ｆさんの母親はヘルパーです。介護福祉士の資格さえ取れば必ず就職できること、ヘルパーより給料が高いことを知っていました。そこで母親は、自宅から近くて、2年分の学費で資格が取れる本学への進学をＦさんに勧めたのです。母親なりの愛情であると同時に、Ｆさんの学力と家計の状況から可能な選択はこれしかなかったといえましょう。

そんな状況ですから、Ｆさんが熱心に学ぶ姿はあまりありませんでした。そこにはヘルパーである母親の介護観も影響していました。

三者面談を実施したときでした[8)]。

「誰が好き好(この)んで、他人の下(しも)の世話するねん。せんと生活できひんやろ」と、Ｆさんに向かって母親が言葉を投げつけます。介護の現場で働く当事者が、無意識ながら介護を見下すような言い方です。むしろ、消極的ながらも本学で学ぶＦさんは、「ほんまは、母さんみたいな考えで介護したらアカン」[9)]とつぶやきました。

Ｆさんは1年留年して卒業し、介護福祉士の資格を取りました。そして、介護事業所に就職しましたが、まもなく退職。今は、介護と関係のない仕事に就いていると聞きました。

[6 介護福祉士養成校の学生にみる貧困の諸相]

これまでの本学勤務で、自分ではどうにもできない貧困を背負わされた学生にたびたび出会ってきました。学生ばかりではありません。競争社会の遠心力に抗うことができない学生の家族にも出会います。2世代、3世代と続く貧困のスパイラルを強く感じます。

8）4年制大学では、通常、三者面談は実施しないと思いますが、本学には、毎年、三者面談を要する学生が一定数存在します。学内での面談だけでなく、家庭訪問もあれば、高校時代の担任に会うこともありました。

9）学生Ｆさんのこの認識がどれほど大切か、同席した教員が胸を打たれた一言でした。

そんな生活層の子どもたちが（すべてではありませんが）、本学に入学します。しばらくすると、さまざまな貧困が姿を現しはじめます。「お金がない」だけではないのです。少し、表にまとめてみました（図表5-5）。

図表 5-5　介護福祉士養成校の学生にみる貧困の諸相

食事	食費は節約しやすい。 ある学生の昼ご飯は、毎日、学食のポテト（200円）だけだった。男子学生だったが、体つきは小柄な女子学生くらいだった。おそらく、幼少期から食事の種類も量も限られていたのではないか。味覚も貧困になり、栄養も偏る。
お酒 タバコ	お酒やタバコを中学生のころから習慣化してしまった学生もいる。 小学5年生のころからタバコを吸いはじめたという学生は、お酒もタバコも父親に勧められたと言っていた。父子家庭である。ほぼ、ニコチン中毒で、ニコチンパッチを貼るなどの禁煙指導を要した。
電話	自宅に固定電話がないため、子ども時代の「○○さんのお宅ですか。△△ちゃん、いますか？」という経験がまったくない。実習先への電話のかけ方は、想定問答をセリフにして、授業で教えている。 ※昨今、携帯電話しか持たない家庭が増え、一般的な現象にもなっている。
整理	両親のケンカで、「障子も襖も、家中、破れていないところはない」「家中、モノが散乱している」という学生。散らかりっぱなしの家庭環境で育った。 どの授業に、どの教科書を持っていけばいいかわからない。時間割を見ても用意ができないため、すべてのテキストを持ち歩く（かなりの重量である）。授業科目別にレジュメを整理することや、実習記録を時系列に並べることが非常に困難だった。
言葉	「出身高校は、府立？　私立？」と聞いても、公・民の概念や知識がなく、質問の意味を理解できない。出身高校の正式名称（大阪府立○○高等学校）を答えられない。 言葉を音（おと）でとらえても、文脈で理解し、漢字に変換することがむずかしい。授業で、「社会的背景」というと、「テキハイケーって、何？」と聞き返される。
約束	約束が守れない学生。他の学生との人間関係も悪くなる。注意を受けると、「注意された」ことには落ち込むが、「なぜ、約束を守れないのか」「どうすれば約束を守れるのか」には思考が及ばない。そのため、同じ過ちを繰り返すことになる。 ※面談中、学生は「以後、気をつけます」を言い続ける。この「言い続ける行為」が、本人にとっては面談時間に「すべきこと」（本人はきわめて真面目）という認識であり、面談時間が終われば元の木阿弥である。
時間	遅刻を繰り返す学生。「遅刻をしてはいけない」ことは理解しているが、「遅刻をしないためにどうすればよいか」ということを自らに問い、自分の行動を律する力がない。 ※原因の一つに、「アナログ時計がない」という家庭環境が考えられた。「あとどれくらい」「もう○分過ぎた」など、時計の針の角度によって時間をつかむ習慣が身についていない。
行動 範囲	「電車で出かける」という経験がほとんどない家庭で育った学生は、自転車と徒歩で行ける範囲しか移動しない。したがって、電車の乗り方やホームの区別、切符の買い方を知らない。JR、私鉄などの区別、乗車券や特急券などの区別も難しい。

出所：学生・保護者面談など筆者の経験より筆者作成

これらの貧困は、一つひとつが独立して現れるわけではありません。一つの問題を解決しても、次の貧困が姿を現します。一つの貧困がさらに新たな貧困を並走させ、局面を変えていきます。

家庭の経済力や学力の困難のみならず、家族、友人、食事、会話、住まい、愛情、表情、態度、悩む力、思考の範囲、気力、体力、集中力、身体機能、行動範囲、人間関係……何からどういう順番で話せばよいかわかりません。ただただ、生活の隅々に根づいては現れ、現れては根づく貧困の姿です。

[7 介護福祉士会の苦境]

このような貧困と学力の教育格差は、介護の職能団体である公益社団法人日本介護福祉士会にも影響を及ぼしているのではないでしょうか。

本学では、卒業時に介護福祉士会への入会手続きについて説明します。介護業界が社会的な発言力・影響力を発揮するためにも、職能団体に結集することの重要性を説いているつもりですが、すべての卒業生が加入することはありません。

ちなみに、日本介護福祉士会の正会員は36,653人。前期比では、2,670人も減っています[10)]。介護福祉士登録者数1,941,748人の比でいえば、わずか1.9％の組織率です。

鹿児島県介護福祉士会の調査[11)]によると、介護福祉士会に入会しない理由は、「会費が高い」14.7％、「活動内容が不明」14.1%、「育児・家事・介護が忙しい」11.8％と続きます。ちなみに、日本介護福祉士会の入会金は3,000円、年会費5,500円と都道府県ごとの会費です（2023年度）。他の職能団体に比べて、決して高くはありません。

10）公益社団法人日本介護福祉士会HP「令和４年度事業報告書」
11）石川高司他「職能団体である介護福祉社会の入会率の低さに関する一考察」『地域総合研究』第49巻（1）1号（2021年）

未加入の介護福祉士に入会の意思を問うと、「興味がない」23.1%と「どちらともいえない（わからない）」73.7%を合わせて9割以上になりました。この関心の薄さにも、教育格差が集約されているのではないでしょうか。

一方、介護職員のキャリアアップをめざして、介護福祉士会への入会を昇進の条件にする法人も現れました。介護福祉士国家試験対策を業務に組み込み、人手不足のなか、積極的に介護職員を現場で育てようという機運は少しずつ高まっています。

＊　＊　＊

介護福祉士は、介護分野で唯一の国家資格です。あなたが住んでいる地域

図表 5-6　都道府県別 介護福祉士養成校数

	校数		校数		校数
北海道	17	石川県	4	岡山県	10
青森県	5	福井県	2	広島県	12
岩手県	3	山梨県	1	山口県	5
宮城県	7	長野県	6	徳島県	2
秋田県	2	岐阜県	4	香川県	3
山形県	3	静岡県	7	愛媛県	3
福島県	6	愛知県	11	高知県	4
茨城県	7	三重県	4	福岡県	12
栃木県	7	滋賀県	2	佐賀県	3
群馬県	9	京都府	5	長崎県	5
埼玉県	8	大阪府	19	熊本県	4
千葉県	12	兵庫県	8	大分県	2
東京都	27	奈良県	4	宮崎県	7
神奈川県	7	和歌山県	2	鹿児島県	5
新潟県	10	鳥取県	2	沖縄県	3
富山県	3	島根県	3	**合計**	**297**

- ここには、閉科予定や募集停止の養成校も含まれます。
- 1校あたりの入学者数は平均20.8人。日本人入学者は14.8人ほどです。
- 地域にある介護福祉士養成校を、貴重な地域資源として活用してほしいと思います。

出所：公益社団法人日本介護福祉士養成施設協会HP「会員一覧」より筆者作成（2023年12月21日閲覧）

に、介護福祉士養成校はありますか。図表5-6に、都道府県別介護福祉士養成校の数をあげてみました。

地域包括ケア、まちづくり、市町村総合支援事業など、介護を地域で支えようという声かけは盛んです。そこに、介護福祉士養成校を加えてください。相次ぐ養成校の募集停止や閉科が放置されたままでは、介護の質は担保されません。

たとえ養成校がなくなっても、これまで介護福祉士が育ってきた学舎、設備・備品、教職員、教育・実習プログラム、考え方・ケアスキル、卒業生の活躍、それらすべてがなくなるわけではありません。養成校のもてる資源は、地域の社会資源として活用する途があるはずです。

社会福祉法人、医療法人、医療生協、市民生協、日赤、済生会、厚生連、NPOなど、地元で介護にかかわる組織は多々あります。介護福祉士養成校にある（あった）力を巻き込みながら、介護がインフラとしてある地域社会、ケアの力と文化が育つ地域社会、多様な雇用創出につながる地域社会をめざすことはできないものでしょうか。

第 6 章

職場づくりか、撤退か

介護をめぐるさまざまな調査で気になるのは、介護職員の不足と経営難、そこに伴う職場づくりです。いずれの調査も、その深刻さを物語っています。

たとえば、職員不足の現状は、同一地域の介護施設・事業所間で職員の取り合いを生じさせています。人材紹介会社に支払う経費も年々膨張しています。

一方、そんな状況下にあって、職場づくりをキーワードに、労働環境の改善や研修の充実など、職員の定着率を高めた職場もあります。

[1 職員不足と人材紹介会社]

介護施設・事業所は、法律によって人員配置（法定人員）が決められています。ですから、介護職員が不足すると利用件数を減らさざるを得なくなり、収入が減少し経営を圧迫します。また、法定人員さえ守っていればよいわけではありません。利用者にていねいで適切な介護サービスを提供するには、法定人員だけでは困難です。

そこにコロナ禍が追い打ちをかけました。

「2021年度（令和3年度）特別養護老人ホームの人材確保に関する調査結果」（以下、「調査2021」）によると、多くの施設・事業所は、コロナ禍当時、利用者の「受入れ制限を行っていない」（82.6%）と答えています。ところが、利用者の利用控えという現実に見舞われました。介護は身体を密着させる動作が多く、感染拡大を恐れてのことです。この事態は介護報酬の減収に直結しました。

また、介護職員自身が高齢であったり、高齢者と暮らす職員が出勤をためらったり、若い職員は保育所に子どもを預けられない、家族に感染者が出て濃厚接触者となった……という事態も次々に起きました。その結果、職員の出勤が確保できず、一時的に利用を制限せざるを得ない事態も生じました。マスク、消毒液、防護服などの物品調達、ゾーニング、リモート面会など、通常とは異なる業務にも多くの人手がとられ、時間も費用もかさみました。

結果、コロナ禍をきっかけに、経営体力が脆弱な施設・事業所ほど休廃業・解散や倒産を余儀なくされました。株式会社東京商工リサーチの調査によると、この十数年、介護事業者の休廃業・解散が増え続けています（図表6-1①）。とりわけ訪問介護事業は厳しく、2023年には倒産が67件に達し、年間最多になったと報じられたところです[1)]。政府は在宅介護を推進しているにもかかわらず、2024年度改訂で訪問介護基本報酬を引き下げたため、一層の休廃業が見込まれます（図表6-1②）。

図表 **6-1** ①　老人福祉・介護事業の休廃業・解散、倒産

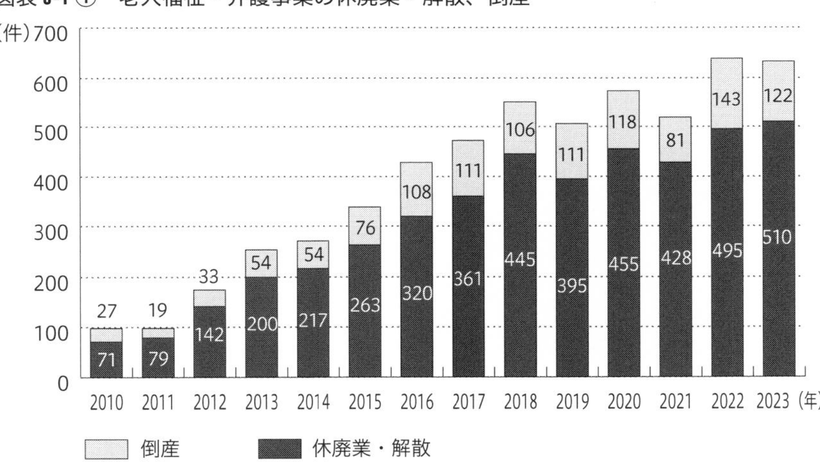

• 2023年度、人手不足などで経営が悪化し、倒産する前に早めに事業継続を断念した介護事業者が多いとみられます。

出所：株式会社東京商工リサーチ　https://www.tsr-net.co.jp/data/detail/1198300_1527.html
をもとに筆者作成（2024年3月21日閲覧）

図表 **6-1** ②　老人福祉・介護事業の倒産（図表 **6-1** ① 2023 年 122 件）の内訳

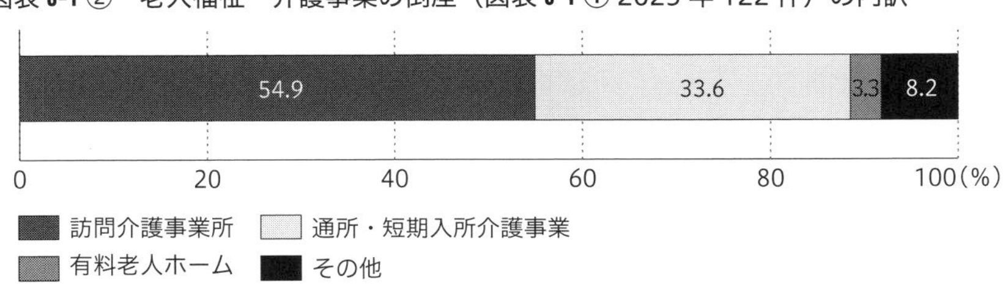

出所：株式会社東京商工リサーチ　https://www.tsr-net.co.jp/data/detail/1198300_1527.html
をもとに筆者作成（2024年3月21日閲覧）

「2022年度特別養護老人ホームの人材確保および処遇改善に関する調査結果」（以下、「調査2022」）では、利用者の「受入れ制限等は行っていない」施設・事業所は85.7％とわずかに回復しましたが、依然として厳しい状況が続きます。

加えて、人材紹介会社への支払いが経営を圧迫し続けています。

「調査2022」によると、介護職員が不足する施設は68.6%という状況が示されています。何とか職員を確保しようと、多くの法人が人材紹介会社に頼ります。1年間に人材紹介会社に払った手数料は、1施設あたり平均354.5万円。事業規模にもよりますが、年間1,000万円以上という額もめずらしくありません。にもかかわらず、紹介された職員の定着率が高いわけではありません。

人材紹介会社に対する法人の不満のうち、手数料が「とても高い」「やや高い」と回答した法人は99.5%にもなりました。職員が転職を繰り返し、採用が決まるたびに、事業所から人材紹介会社に手数料が入ります。職員には、新たな勤務先を決めるたびに祝い金が入ります。つまり、職員が定着しない（転職を繰り返すことで得をする）仕組み、処遇改善に使えるはずの資金が法人から人材紹介会社に流れる仕組みが働いているのです。

多くの国民が働いて得た給料から天引きされる保険料と税金が、介護職員、施設・事業所を潤すことなく、利用者や家族の負担軽減にもならず、人材紹介会社に流れていってしまう、虚しい実態です。

職員確保に苦慮する法人のなかには、もはや正規雇用による職員の育成・定着をあきらめ、人材紹介会社への依存を常態化する道を選んだ法人もあると聞きます。紹介された職員が数年で転・退職することを前提に、です。利用者との信頼関係をつくる間もなく職員が変わり、介護の質を積み上げにくい構造をつくってしまいます。

ちなみに人材紹介会社による正規職員の採用は、ハローワークに次いで多

1）株式会社東京商工リサーチによる2023年12月15日の数値です。過去の年間倒産件数の最多記録は、2019年の58件でした。

く39.2%を占めています（図表6-2）。ただし、定着率は低く、人材紹介会社の利用が介護職員確保・定着の切り札になっているとはいえません（図表6-3）。

政府は日常生活圏域[2)]を想定し、地域包括支援システムだの、地域密着

図表 6-2　正規採用に結びつく効果の大きかった媒体・経路（複数回答）

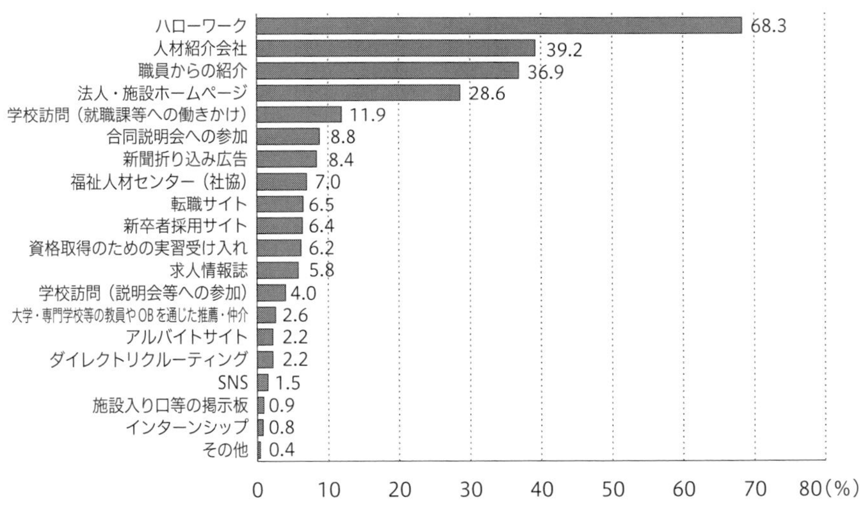

出所：独立行政法人福祉医療機構経営サポートセンターリサーチグループ「2021年度（令和3年度）特別養護老人ホームの人材確保に関する調査結果」をもとに筆者作成

図表 6-3　人材紹介会社を利用して採用した職員とその他の方法で採用した職員の定着率の違い

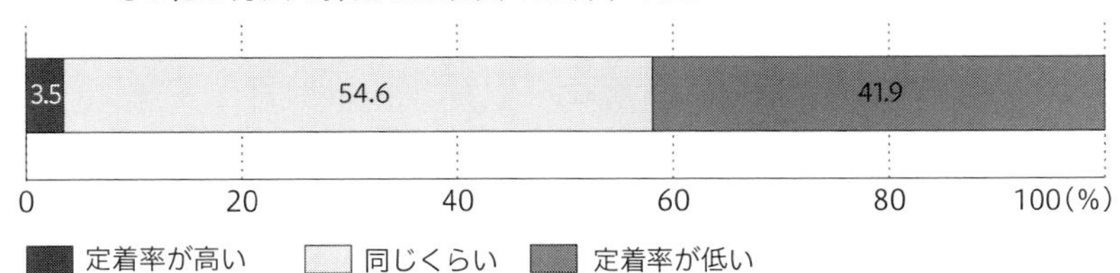

出所：独立行政法人福祉医療機構経営サポートセンターリサーチグループ「2021年度（令和3年度）特別養護老人ホームの人材確保に関する調査結果」をもとに筆者作成

2）日常生活圏域は市町村によって異なるものの、おおむね高齢者が徒歩30分以内で行き来できる生活範囲（小学校区、中学校区、あるいは人口2～3万人が住む地域）が想定されています。

型サービスだの、ことあるごとに地域社会での助け合いを促しますが、同じ地域内の施設・事業所が同じように人材紹介会社を利用しながら、否応なく職員の取り合いに巻き込まれています。先の調査によると、近隣施設・事業所との競合を感じている法人は55.3%にもなります。政府がいうような、地域共生社会の実現のための社会福祉連携推進法人[3)]どころではありません。

「競争から共生へ」という言葉が登場してから何年たったでしょうか。結局、経営体力を失った法人は地域からの撤退を余儀なくされ、施設・事業所も、担い手も、雇用も、つながりもその地域からなくなっていくのです。

[2 働き続けたい職場か、そうでない職場か]

実際、職員の退職や転職は、どの程度なのでしょうか。

「調査2022」によると、調査対象のうち2021年度に介護職員の退職があった施設は96.1%に上ります。退職者の勤続年数は、1年未満が29.8%、1～3年が25.0%。これだけで半数以上になります。3年以上の勤続は42.6%。定年退職はわずか2.5％でした（図表6-4）。

なぜ、彼らは退職していくのでしょうか。

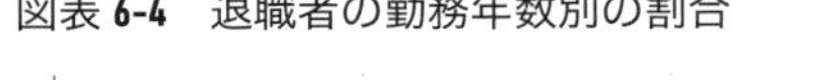
図表 **6-4**　退職者の勤務年数別の割合

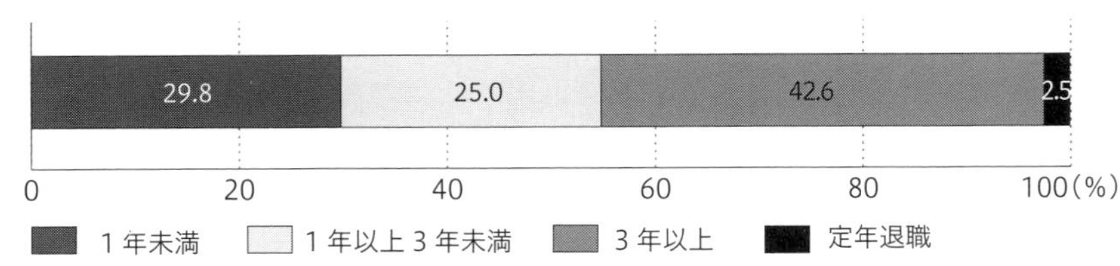

出所：独立行政法人福祉医療機構経営サポートセンターリサーチグループ「2022年度特別養護老人ホームの人材確保および処遇改善に関する調査結果」をもとに筆者作成

3)「地域共生社会の実現のための社会福祉法等の一部を改正する法律」に基づき、2022年4月から施行された制度です。複数の社会福祉法人等が法人社員となり、福祉サービス事業者間の連携・協働を図るための法人制度ですが…。

図表 **6-5**　介護関係の仕事を辞めた理由（複数回答）

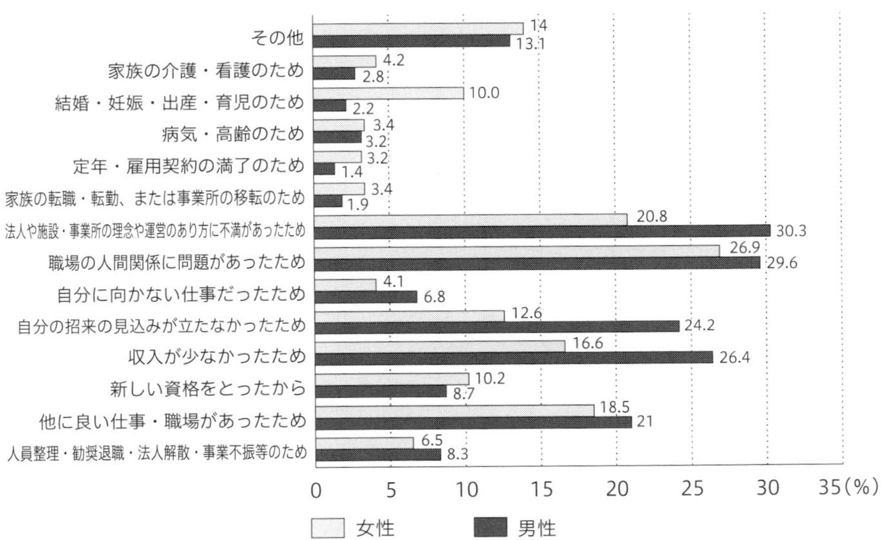

出所：公益財団法人介護労働安定センター「令和４年度介護労働実態調査」をもとに筆者作成

介護労働安定センターの調査によると、介護福祉士の場合、前の職場を辞めた理由は図表6-5のとおりです。

男女でやや異なりますが、男女とも比較的多い理由は「職場の人間関係に問題があったため」「法人や施設・事業所の理念や運営のあり方に不満があったため」が続きます。

退職理由は個々には異なるものの、「職場の人間関係」や「法人や施設・事業所の理念や運営のあり方」などへの不満を掘り下げると、就業規則[4)]の不徹底やワークルールの未整備、業務が標準化されていないことなどが原因の場合も多いと考えられます[5)]。

4）ある法人の職員に、「新人のとき、最も知りたかったことは何か」「今、最も知りたいことは何か」を尋ねたところ、いずれもトップにあがったのは「就業規則」でした。入職時、一度きりの説明では不十分、ということがわかりました。

5）拙著『改訂版＋補稿　職場づくりと民主主義 — 仕組み・会議・事務』（NPO法人オルト・クラブ、2017年）参照

逆の見方をすると、この退職者群は労働環境の改善次第で再就職につながる層である、ともいえます。そもそも介護福祉士という有資格者ですから、職員数確保もさることながら、介護の質向上にとっても貴重な人材といえるでしょう。

もちろん、復職に際しては学び直しが必要です。基本的な介護の考え方とケアスキルを体得していることを前提に、近年さらに必要とされる知識・ケアスキルの研修機会を提供し、それらが活きる職場のあり方、労働環境の整備、組織文化の醸成が、施設・事業所の各職場に求められます。

ただ、そうした潜在有資格者の掘り起こしや学び直しすら、現場任せという実態もあります。人手不足の現場には、雇用の確保から学び直しの機会提供まで準備する余裕などありません。負担が増し、かえって労働環境の悪化にもつながりかねないのです。

それでも、職場づくりは重要なキーワードです。離職者の67.4%は、再び介護職として介護業界の仕事に就いています。医療など関係する業界を合わせると、88.1%が何らかのケアの仕事を続けています（図表6-6）。介護職員定着の直近のヒントは、働き続けたい職場か、そうでない職場か、このあたりにありそうです。

図表 **6-6**　退職後の転職先（複数回答）

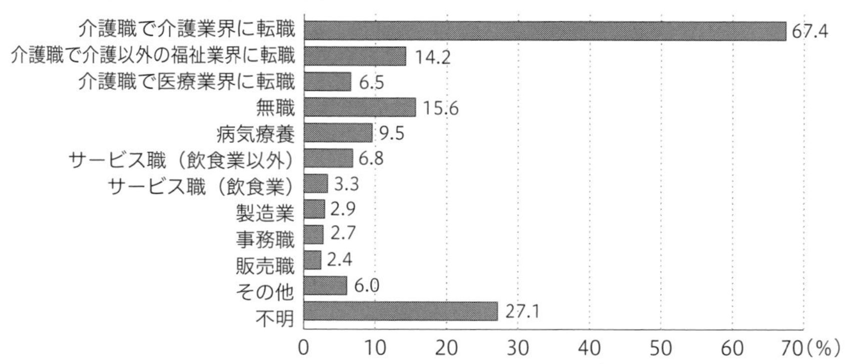

出所：独立行政法人福祉医療機構経営サポートセンターリサーチグループ「2021年度（令和3年度）特別養護老人ホームの人材確保に関する調査結果」をもとに筆者作成

［3　職員研修と労働環境］

社会福祉法人G会で少しお話をうかがいました。

G会は、高齢者施設と障害者施設を有し、職員数は正規職員約100名と非常勤約100名、平均年齢45歳ほどの職員で構成されています。かつて70%超だった人件費率も、職場づくりの取り組みで今では65%ほどに落ち着いてきました。

365日交代制フロアリーダー（ヒアリング）

- 特養は、50床3フロア（計150床）です。各フロアのリーダーは、365日交代制で全員が担います。新人も、入職後3か月ほどでフロアリーダーを担います。この交代制によって、新人育成が大きく前進しました。
- フロアリーダーは、その日は原則として利用者の介助に入ることはありません。その日のタイムスケジュールに基づいて、フロア業務を仕切ることが役割です。この積み重ねによって、職員各々がどこで何をしているか、何をしなければならないか、フロア全体の動きを見ながら職員個々の役割をとらえ、誰もが互いの仕事を理解する機会になります。また、時間に沿って利用者の日々の暮らしを把握する習慣が身につきました。
- 職員の急病など、突発的なことによる人員不足の際にも、誰が、どこに、いつ、どのような応援に入ればよいかがわかるようになり、的確な指示を出せるようになります。
- 日勤職員の業務が終わらなかった場合、その職員の残業ではなく、遅出や夜勤職員に業務を引き継ぎます。それができるのも、誰が、いつ、どこで、どのような業務についているか、交代制フロアリーダーの経験で学べているからです。
- この制度を維持するには、定期的なフロア会議が欠かせません。必ず、振り返りを行います。24時間稼働の施設ですから、会議は全員参加を前提にせず、無理なく回数を重ねます。当然ですが、公休の職員に出席を要請した場合は休日出勤扱い（代休付与）になり、夜勤前の早めの出勤や早出の職員が残る場合には超過勤務手当がつきます。

職員企画の研修と新入職員研修（ヒアリング）

• 月1回、職員が企画する研修会を実施します（図表6-7）。原則、自由参加のため労働時間外ですが、研修を企画する側は業務になります。現場の問題意識によって職員自ら企画する研修テーマが多いため、出席率は良好です。テーマによっては受講必須の研修（法定研修[6)]など）とし、業務扱いになります。

図表 **6-7**　社会福祉法人G会における月例研修会のテーマと年間スケジュール

	法人主催研修		部門主催研修	
月	内容	担当	内容	担当
4				
5			認知症ケア	特養OJTスタッフ
6	虐待防止・身体拘束廃止研修	権利擁護・虐待防止委員会	事故防止対策①	リスクマネジメント委員会
7	食中毒防止	感染症対策委員会	ケアプランについて	ケアプランセンターOJT
8	腰痛予防研修	労働安全衛生委員会		
9			こころとからだのしくみ	特養OJTスタッフ
10	感染症対策	感染症対策委員会	事故防止対策②（救命・誤嚥）	リスクマネジメント委員会
	中途採用者研修	人材育成委員会		
11	基本的人権とは	地域福祉推進委員会	ターミナルケア研修	特養OJTスタッフ
			口腔ケア①②	特養口腔ケア委員会
12	虐待防止・身体拘束廃止研修	権利擁護・虐待防止委員会	褥瘡（じょくそう）防止	褥瘡対策委員会
1	ハラスメント防止研修	ハラスメント対策委員会	医療的ケア研修	特養OJTスタッフ
2	メンタルヘルス研修	労働安全衛生委員会	事故防止対策③（転倒・骨折）	リスクマネジメント委員会
3	新入職員研修	人材育成委員会	個人情報・プライバシー保護	総務部

• これらの研修に、適宜、法定研修を組み込む他、別途、資格に必要な外部研修にも参加します。

出所：G会ヒアリングより筆者作成

図表 **6-8**　社会福祉法人Ｇ会における新入職員研修（5日間）

第1日目	構成	テーマ
開講		オリエンテーション
第1講	法人の基礎知識①	社会福祉の現状と法人の役割、沿革、理念
第2講	福祉の基礎知識①	入門編「社会福祉とは何か」
第3講	福祉の基礎知識②	高齢者福祉の理念と考え方/施設の基本方針
第4講	福祉の基礎知識③	障害者福祉の理念と考え方/施設の基本方針
第2日目	**構成**	**テーマ**
第5講	福祉の基礎知識④	地域福祉と人権
第6講	職員としての基礎知識と技能①	職員育成ラダーと実際
第7講	職員としての基礎知識と技能②	リスクマネジメント研修
第8講	職員としての基礎知識と技能③	コミュニケーションの基本と接遇
第9講	職員としての基礎知識と技能④	ボランティアの役割と意義
第3日目	**構成**	**テーマ**
第10講	専門基礎知識①	食生活と栄養管理、感染症対策
第11講	法人の基礎知識②	就業規則、職場ルールに関すること
第12講	福祉の基礎知識⑤	権利擁護と虐待防止
第13講	職員としての基礎知識と技能⑤	個人情報とプライバシー保護
第14講	職員としての基礎知識と技能⑥	職場で起こりうるハラスメント
第15講	職員としての基礎知識と技能⑦	法人の広報活動と職員の品格
第4日目	**構成**	**テーマ**
第16講	専門基礎知識②	AEDの利用と救急対応
第17講	職員としての基礎知識と技能⑧	高齢者の疑似体験
第18講	労働者の権利	労働基準法と労働組合、互助会について
第19講	職員としての基礎知識と技能⑨	実技、現場での実習、OJT
第5日目	**構成**	**テーマ**
第20講	専門基礎知識③	移動
	専門基礎知識④	排せつ
	専門基礎知識⑤	食事、口腔ケア
	専門基礎知識⑥	入浴、着脱

出所：Ｇ会ヒアリングより筆者作成

6）介護事業所の種別によって定められた必須研修が法定研修です。記録が義務づけられた研修ですが、この実施自体が困難な法人も少なくありません。

- 新入職員研修は、5日間かけて行います(図表6-8)。就業規則、職場ルール、書類の書き方などは、労働組合が講義をします。労働者の権利と労働基準法については、法人が講義を担当します。これらが、後述の「4 有休消化100%、残業ゼロへ」につながります。
- 研修の順序やプログラムには検討の余地がありますが、研修スケジュールは年度初めに決まり、全職員が研修スケジュールを共有できることも、職場の共通認識を育む基盤になっています。

4 有休消化100%、残業ゼロへ

G会では、有休消化100%、残業ゼロへの取り組みにもチャレンジしています。

きっかけは1990年代。「有給休暇を取得した職員も、取得しない職員も、給料は同じか……」という職員の不公平感がはじまりでした。就業規則からいえば至極当然のことながら、不公平感という気持ちに注目し、労働組合がリーダーシップをとりながら議論を続けてきたといいます。

有休取得率100%、消化率95%(ヒアリング)

- 有休の取得率は、職員個々の有休消化日数に関係なく、職員の何%が有給休暇を取得したか、です。これは現在100%です。
- 有休の消化率は、職員各々がもつ有給休暇日数のうち何日消化したか、という%です。現在、95〜97%程度です。
- 職員の休暇希望については、まず、毎月のシフト作成前に希望公休調査を行います。同一日に多数が重なった場合は調整します。
- 公休日と同時に有給休暇取得の希望を募ります。有休は年度内に使い切るよう指導します。
- 公休、有休等を重ねて長期休暇をとる場合は、事前に申告してもらうよう声かけをしています。緊急の場合は、この限りではありません。

- 体調不良などの急な休みについては、有休処理か、欠勤扱いか、その都度本人に確認しますが、ほとんど有休での処理を希望します。
- 有休の消化期限（2年）を迎えて残日数がある場合、消滅する前に消化するよう声かけを行います。それでも有休消化をしない職員がいるため、なかなか消化率100%には至りません。
- 本人が希望しない以上、法人側で有休を自動的に消化させるようなことはしませんが、「みんなが有休を使う」という職場風土をつくることが、「有休消化100%」達成には不可欠だと思います。
- 有休をとる場合、原則として理由は不要ですが、職員によっては「上司や同僚に知っておいてほしいことだから」と記入する人もいます。

残業を美徳にしない（ヒアリング）

- 残業は美徳ではありません。「残業ゼロ」実現には、「みんなが残業しない」という環境を徹底することが最も効果的です。法人も職員も「残業＝人件費」という認識で、経営を護ることが利用者や職員を護ることにつながるという共通認識をつくってきました。
- 月平均残業時間は、1人あたり2～3時間程度です。通常、実働時間は7時間20分で、それを超えると残業扱いになります。
- 残業の計算は10分単位で125%支給です。一般職員は、「残業ゼロ」がほとんどです。
- 介護職員の場合、離職者が出た直後や感染症（ノロウイルスなど）が流行したときなど特別な事情がある場合でも、月平均3時間未満の残業です。
- 主任クラスの残業は月平均7～8時間。稀に20時間を超えるケースもあります。今、この削減が課題です。なお、主任には主任手当とともに超過勤務手当がつきます。
- 課長以上は、手当のみで超過勤務手当は出ません。出勤の仕方は、ほぼフレックスタイムです。事務職も相談業務も自分の裁量で勤務時間帯を調整します。
- 総務・人事部では、月10時間を超える残業が3か月続いた者（おおむね、

2〜3人）に面談を行います。業務量の調整や仕事の仕方の指導も兼ねています。

- 残業は事前申告・許可制が原則ですが、常に上職者がいるわけではないため、実態は事後申告になります。実際に仕事をしているので、申請を却下することはありません。
- サービス残業は禁止しています。ただ、好んで職場に残る職員がいます。残業申告を促しても申告しません。この職員は、職場にいたい、職員や利用者の世話をやきたいなど、このスタイルを楽しんでいます（少々困りますが）。
- 新人には、残業定着の悪循環を起こさないよう指導します。「上司や先輩が残っているから……」という気持ちを徹底的になくすようにします。定時退社を「恐縮させない」という職場風土が大切です。
- 時間内に所定の仕事が終わらないときは遅出の職員に残りの仕事を頼むなど、互いに仕事を頼み合える職場風土を築いています。この方法は、互いの業務を知る・学ぶ相互研鑽になっています。

ただ単に、休暇を増やし残業せずに帰宅するだけでは、利用者への対応がおろそかになるかもしれません。シフトが回せないという事態も生じます。管理者・職責者の自己犠牲的な労働につながる場合もあり得ます。G会では、そうならないよう、話し合いを重ねました。

G会の経営陣と職員は、ともに目標を一致させ、プランを共有し、実践し、振り返り、議論を続けました。何年もの時間をかけて、安心して定時に退社し、休みをとる状況を、職場研修の充実と並行してつくり出してきました。総合的な働き方改革です。

結果、職員の離職率が減り、転職した職員の「出戻り」率も高まりました。他の職場を経験した「出戻り」職員は、いまではG会の働きやすさを持続させる牽引者であるといいます。

G会のみならず、離職の要因となるような労働環境をいかに働きやすく変えるか、そのノウハウを有する法人はきっと他にもあることでしょう。

[5　ICTは介護現場の救世主？]

政府は、ICT（Information and Communication Technology）の導入で生産性を上げ、介護職員の不足を解消できるかのように考えていますが、本当でしょうか。

ICTが介護現場の救世主になるには、法人の経営体力が必要です。事業規模が比較的大きく、経常剰余の黒字が続き、事務部門が確立され、ICTに長けた職員の雇用が可能なこと、経営トップがICTを踏まえて介護現場を指導・統括できること、こうした総合力が導入の前提条件になるのではないでしょうか。

上記のような条件が多少とも整った社会福祉法人H会にお話をうかがいました。

H会は50床の従来型特養を拠点に、小規模多機能、看護多機能、定期巡回・随時対応型訪問介護看護、グループホーム、サービス付き高齢者住宅など、高齢者介護を中心に事業展開をしています。職員は約1,000人という大規模法人です。数年前からICTの取り組みをはじめました。

ICTの活用

介護保険請求や給与の支払い、各種電子決済などをはじめ、IT大手企業が開発したシステムを採用しています。課長職以上にはタブレットパソコンを配布し、理事長や専務理事の行動予定、個人やチームのスケジュール管理・共有、社内報、社内メール、簡単な打ち合わせもできるようになっています。

就業規則などの更新も随時行われますので、数年前の書類を見ながら「ここ、確か変更されたはず……」とか、「この届出、どう書いて、どこに出すんでしたっけ？」と戸惑うような、ちょっとした疑問に時間をとられることも少なくなりました。

また、この準備が幸いして、コロナ禍の会議や研修ではリモート化が進みました。活用の範囲も徐々に広がっています。

スマケア活用の訪問介護

H会のヘルパーは、業務用スマートフォンを携帯して利用者宅にうかがいます。利用者宅の玄関には専用タグがあり、スマホをかざすだけで利用者宅への到着時間が記録され、本部に送信されます。

介護の記録は、すべてスマホ画面でチェックしたり、書き入れたりします。文字で伝えにくいことには写真を使います。たとえば、利用者の寝具や洋服など季節ごとの入れ替えがあった場合、「このタンスに入っています」という写真を送信します。「いつもの麦茶、今日はこの水筒です」など、写真で伝える引き継ぎはわかりやすく、間違いがありません。

すべて時系列で記録され、利用者宅を出るときには、再び玄関のタグにスマホをかざして完了です。これらが本部に送信され、利用者の情報が早く確実に伝わります。イレギュラーな事態にも早めの対応が可能です。働き方にも余裕が生まれます。

テレビ電話でつながる

H会では、テレビ電話も活用しています。利用者宅に設置し、事業所とつなぎます。この費用は、H会が負担しました。これからの事業の柱になる定期巡回・随時対応型訪問介護看護のサポートの一環です。

テレビ電話は、訪問時以外のちょっとした利用者とのつながりにも活用します。操作はきわめて簡単で、利用者は、受話器をとる、置くという動作だけです。

Iさんから電話がかかってきました。職員が出ます。顔が映ってニコっとするとお互いに安心です。

「Iさん、どうしたの？」

「障子が外れてしもたんや。誰か、直してくれんかねえ」

「そうね。わかった。友の会にも聞いてみますね。他に用事ないですか？」

「他はないよ。急がんでいいから、ありがと、待っとるね」

事業所から電話をかける場合もあります。
「Ｊさん、調子どう？　お昼のお薬、ちゃんと飲みました？」
「調子ええよ。薬も飲んだ、ありがとうね」
そういって、Ｊさんが薬の殻を見せてくれます。

このようにICTを活用しているＨ会ですが、その前提として全職員共通の考え方とケアスキルを大切にしています。理事長以下、全管理職が介護福祉士の資格を有し、同じ方法で指導します。共通する考え方と標準化されたケアスキルが先に整っているからこそ、ICT導入が可能とのことでした。

だからといって、Ｈ会の職員不足が解消されたわけではありません。依然として、業界全体の職員不足はひびいています。

ケアスキルの標準化

ある施設では、職員によってトロミ剤の溶かし方がバラバラでした。Ｋ職員が入れるとサラサラ。Ｌ職員はドロドロ。Ｍ職員はダマができる。そこで、職員みんなでトロミ剤の入れ方、混ぜ方を研究。使用量や濃度による味、食感の差、メーカーによる違いなどを検証し、標準的なトロミ剤の使用方法を確立しました。

些細なことかもしれませんが、これら一つひとつの標準化がとても大切です。バラバラなケアスキルをめぐって起きる「あの人のやりかたは……」というような人間関係のギクシャクを減らしていきます。

標準化は、画一化とは違います。標準化されて初めて、個別対応の土台がしっかりとしたものになります。

「調査2021」によると、ICTの活用を実施しているという法人は有効回答の52.5%でした。その活用については、図表6-9のような状況で、まだまだ部分的な業務対応が中心のようです。

図表 **6-9**　ICTの活用内容について（複数回答）

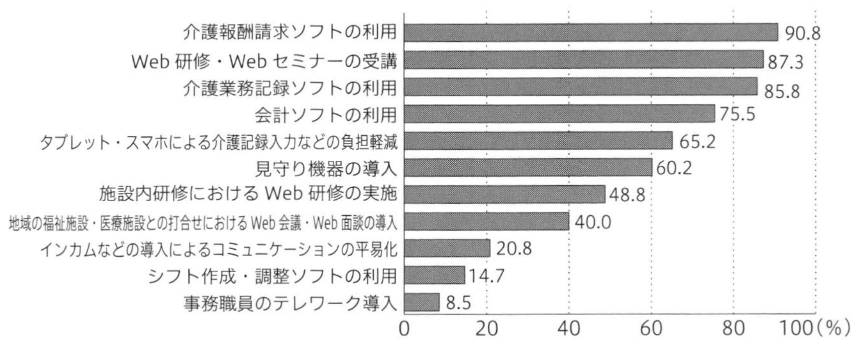

出所：独立行政法人福祉医療機構経営サポートセンターリサーチグループ
「2021年度（令和3年）特別養護老人ホームの人材確保に関する調査結果」をもとに筆者作成

現状では、ファックスが主な通信手段という施設・事業所も多く、一台のパソコンをフロア職員全員で使用する施設もめずらしくありません。ICT化に多少の補助金がついても、導入して、使いこなして、元がとれて、効果が出る、というところまでいけるかどうか、見通しが立ちません。見通しを立てようにも、ICTに精通した職員がいないのです。雇う余裕もありません。

とはいえ、介護業界のICT化を無視するわけにはいかない時代、どうしたものでしょうか。

先立つもの

ICT化に先立つものは、お金、ビジョン、リーダーシップ、意思統一、専門部署の設置、職員採用……何でしょうか。

私は、アナログ業務の整理をあげておきたいと思います。業務のリストアップや分類・整理、介護の考え方やケアスキルの標準化など、導入を前提にした準備（アナログ作業）は不可欠です。アナログ帳簿が整っていてこそ、パソコンの会計ソフトが業務効率化につながるのと同様です。

昨今のDX（Digital Transformation）は、さらにX（変化、変革）を求めるものです。前提となる組織の仕組みや業務が整い、それが職員に周知されていること、そこに変化を促し、デジタル技術を活用してさらなる業務の効率化やクオリティ向上をめざす、これがDXです。やみくもな導入は、マイナ保険証と同様、不具合の連鎖を生むだけです。

[6 柔軟な職場づくり]

職員にとって、職場は半径1〜2mくらいに流れる時空間です。職員は、そこに連続するさまざまな事象を受け止めます。ときに喜怒哀楽を伴いながら、労働生活の質（Quality of Working Life、第7章）が左右されていきます。

経営が厳しく職員が足りない今、職場づくりか、撤退かを問われたら、間違いなく職場づくりではないでしょうか。

たとえば、こんな例もあります。

- これまでの働き方に加え、週4日勤務（1日10時間）週休3日の働き方を併用する事業所があります。朝夕の食事介助時間の人手が増え、職場のシフトが組みやすくなったという話も聞きました。
- ある特養では、子育て中は正規雇用と同じ賃金（時給換算）でパートになり、子育てが一段落したら正規職員に戻るというような柔軟な働き方を実現しています[7)]。
- 子育て中の職員のために子連れ出勤を実現した介護事業所もあります。高齢者に笑顔があふれ、子どもたちも高齢者から多くのことを学びます[8)]。
- 業務分析を徹底し、介護福祉士ではなくても可能な業務をアシスタントワーカーに任せる法人も多いのではないでしょうか。若者サポートステーションと連携し、アシスタント業務を緩やかな勤務に位置づけて、若者の社会復帰、社会参加に貢献することも可能です。
- 介護の職場にはケアを必要とする人々が集まりやすい、ともいわれます。それなら、職場がケアを必要とする人々（職員）の居場所にもなるよう、「保

---

7)「子育てと両立できる介護の働き方」NHK地域づくりアーカイブス（2023年12月23日視聴）
8)「子連れ出勤OKの職場でみんなが笑顔に」NHK地域づくりアーカイブス（2023年12月23日視聴）

健室登校ならぬ、保健室勤務はどう？」という提案も一理あります。

いずれの場合も、経営陣と職員との時間をかけた話し合いは必須です。職員の不満や愚痴を聞くことからはじまり、徹底した業務分析と現状認識、課題の共有が不可欠です。

＊　＊　＊

本来、国の責任で整備すべき公的介護保険の事業でありながら、政府は、経営も職員の養成研修も労働環境の改善も、すべて介護施設・事業所に丸投げして放置し、介護業界そのものを弱体化させています。施策の根本が問われています。

人間の尊厳を護り合う介護、利用者が求める介護と職員が提供したい介護のシンクロ、利用者にも職員にも施設・事業所の存続にも求められる介護の質、それらのアップデートは職場づくりに並走する課題です。

それならば、職員ではない私たちも、職員が日々実践する介護の一端を学んでおいてはどうでしょうか。学ぶことが介護職員の仕事を支え、私たちの介護予防にもつながりそうです。

第 7 章

介護を学び、最期まで自宅で

直接的に人が人に相対する介護においては、利用者のQOL（Quality of Life：自分らしい暮らし、人生の質）と職員のQWL（Quality of Working Life：働き甲斐、労働生活の質）が、ともに充実するプロセスが求められます。どちらか一方だけが満足したり、逆に犠牲になったり、互いに不愉快な思いをするような介護にはしたくありません。

図表7-1をみてください。右上、QOLもQWLも高い状態が理想です。そのためには、利用者は人生の終盤をどう過ごしたいか、自分なりの意思をも

図表**7-1**　QOLとQWLの向上

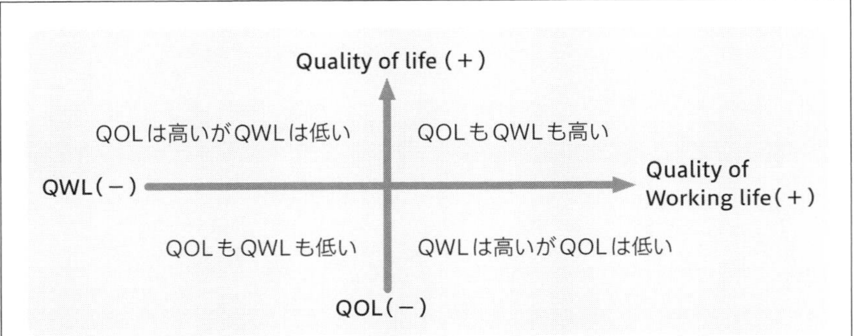

〈右上〉QOLもQWLも高い
利用者と職員が、介護の考え方やケアスキルについて共通認識をもつことが大切です。たとえば、時間ごとのオムツ替えより、排せつのタイミングで素早くオムツを取り替えてもらうほうがいい。でも、それ以上に排せつの自立をめざしてみたいと思いませんか。「排せつの自立、できるかもしれない」ということを互いの目標にし、挑戦する。そこにQOLとQWLの向上が生まれます。

〈左上〉QOLは高いがQWLは低い
利用者の求めに応じて「お世話」することをQOLの向上だと思ってしまうと、職員に犠牲的な働き方を強いてしまいます。燃え尽き症候群につながりやすいパターンかもしれません。

〈左下〉QOLもQWLも低い
QOLもQWLも向上を失うと悪循環になります。利用者も職員もつらいだけです。

〈右下〉QWLは高いがQOLは低い
職員都合の仕事に偏りやすく、悪気はなくても訪問回数やケアの時間を減らすような事態につながることもあります。

出所：拙著『改訂版+補稿 職場づくりと民主主義ー仕組み・会議・事務』（NPO法人オルトクラブ、2017年）より介護を例に再作成

つことが大切です。その際、介護の考え方やケアスキルを少しでも知っておくと、見える景色が違ってきます。職員は、利用者が見た景色に共感し、課題を共有し、どのような介護が適切なのかを考えます。そうして、利用者は介護のある暮らし、つまり「with介護」の暮らしに入っていきます。

そこでこの章では、「10の基本ケア」という介護の基本を軸に、元気なうちから学べることを、考えてみたいと思います。

1 「10の基本ケア」

「10の基本ケア」は、とてもシンプルな介護の基本です。文字にすると図表7-2にあるとおり、たったこれだけですが、その土台には〈尊厳を護る・自立を支援する・在宅を支援する〉という大切な考え方があります。

「10の基本ケア」には、社会福祉法人協同福祉会の生活リハビリを取り入れた「あすなら10の基本ケア®」と、その実践をもとに日本生活協同組合連合会がまとめた「生協10の基本ケア®」[1)]があります。

図表7-2 「生協10の基本ケア®」

①	換気をする	くらしのベース ADLの維持
②	床に足をつけて座る	
③	トイレに座る	
④	あたたかい食事をする	
⑤	家庭浴に入る	
⑥	座って会話をする	ふだんの生活（社会性）
⑦	町内におでかけをする	
⑧	夢中になれることをする	
⑨	ケア会議をする	自宅で最期まで（権利性）
⑩	ターミナルケアをする	

出所：日本生活協同組合連合会、一般社団法人全国コープ福祉事業連帯機構『生協10の基本ケア®で考えるくらし・介護のヒント集』参照

社会福祉法人協同福祉会は、生活協同組合ならコープが母体となって創設されました。現在は、地域密着型サービスを中心に、自立支援、在宅支援に力を注いでいます。日本生活協同組合連合会は、一般社団法人全国コープ福祉事業連帯機構を創設し、「生協10の基本ケア®」の普及に力を注いでいます。

老い・衰えても尊厳が護られ、家族、介護職員、関係する組織、社会資源などの力を借りて自立し、最期まで自宅で暮らしたい。「10の基本ケア」は、この実現をめざします。生きる力の再生産です。

みんなの介護・くらしラボ

全国コープ福祉事業連帯機構は、全国各地の生協介護事業所の実践を「生協　みんなの介護・くらしラボ」で紹介しています。

介護のプロの技や知識、日々の介護やくらしにまつわるアイデアなど、みんなの知恵と工夫で老いも介護も前向きにとらえ、地域で自分らしく心ゆたかにくらしていくことをめざしています。

全国から届いた介護の工夫やアイデアなど、「レシピ」と題して公開しています。ぜひ、QRコードからアクセスしてみてください。

[2 「10の基本ケア」と自立・快適・安全・自律]

特養などの入所施設の介護職は、〈安全・快適・自立／自律〉の視点で利用者の状況や環境を把握しながらリスクを回避し、重度化を招かないよう、

1）平成30年度厚生労働省老人保健健康増進等事業の一環として、日本生活協同組合連合会は「生協10の基本ケア®」のエビデンスとなる「在宅生活を支える重度化予防のためのケアとその効果についての既存指標を用いた調査研究報告書」（2019年3月）をまとめています。

QOLの向上をめざすケアを実践します。

この視点、元気なうちから応用できないものでしょうか（図表7-3①）。

元気な高齢者の場合、〈自立〉している今をスタート地点と考えます。この〈自立〉を継続するには何が大切かを考えていきます。

そこで、講座「生協10の基本ケア®」[2)] に参加した組合員の感想や経験談を、〈自立・快適・安全・自律〉（図表7-3①②）に沿って整理してみました。受講した組合員によって、講座から得た知識もイメージもさまざまです。そ

図表 **7-3** ①　自立→快適→安全→自律のサイクル

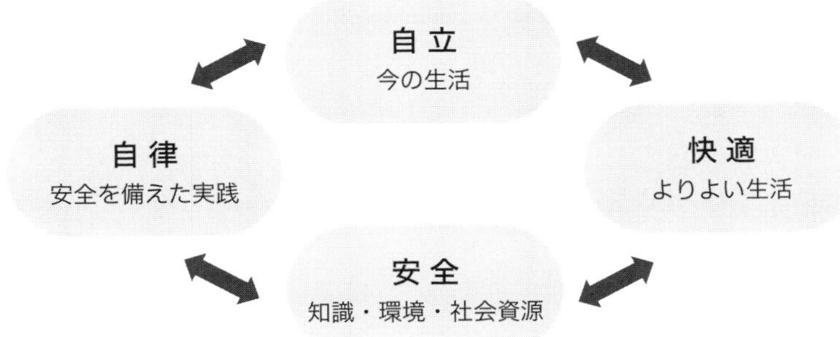

出所：小田史 作成資料「『生協10の基本ケア』と安全・快適・自立／自律」より筆者作成

図表 **7-3** ②　元気な高齢者のための自立・快適・安全・自律

〈自立〉	自分の人生で今が一番若いときです。時々刻々、老い・衰えていきます。今のくらしをスタート地点として、その自立を続けます。
〈快適〉	今のくらしが自立して快適ならば、将来にわたってその持続が一番大切です。より快適なくらしの追求も〈自立〉を維持する原動力です。
〈安全〉	〈自立〉〈快適〉を続けるには、それを脅かすリスクを招かない知識と準備が必要です。それが〈安全〉です。老い・衰えに伴う身体的・精神的変化への対応、生活環境の整備、介護保険制度をはじめとするさまざまな社会資源など、リスク低減の知識と準備が〈自立〉を維持し、〈快適〉を支えます。
〈自律〉	〈安全〉のための知識と準備によって、自分の行動を律します。その〈自律〉が〈自立〉を保ち、〈快適〉な生活の維持につながります。

• 文中では自立→快適→安全→自律の一方向で述べていますが、現実的には、いずれも相互作用があります。

出所：小田史 作成資料「『生協10の基本ケア』と安全・快適・自立／自律」より筆者作成

こからさらに、ポジティブなイメージが広がります。

1．換気をする

自立：窓を開閉して換気することができます。

快適：新鮮な空気が入り、匂いがこもらず、四季を感じるくらしを大切にします。

安全：換気は感染症予防に効果的です。
窓の開閉がいつでも無理せずできるよう、室内環境を整えます。
外気は、皮膚感覚を刺激します。
第3の脳といわれる皮膚は、暑さや寒さなどの情報を感知し、自律を促します。

自律：Nさんの感想
「どうして、換気が介護？」と思いました。自宅には、24時間自動換気もあります。ところが、「10の基本ケア」を学んで、外気に触れること、日常のあたりまえの大切さを知りました。
今は、自宅の不用品を処分し、荷物で開けられなかった窓も開けられるようにしました。1日2回、家中の窓の開閉を日課にしています。換気だけでなく、身体を動かすことも意識しています。
また、「窓を開ける」と同様、「玄関の扉を開ける」ということが、閉じこもりにならないこと、社会とつながる日常であることも意識するようになりました。

2．床に足をつけて座る

自立：「座る・立つ」動作ができます。

快適：自分の意思で出かけたり、仕事をしたりなど、活動につながります。

安全：骨盤を立てて座り、座位の安定を保つことを意識します。

2）大阪府生活協同組合連合会、くらしと協同の研究所（京都市）、それぞれが主催の講座を計8回開講し、筆者も講師を務めました。

足の裏を床につけ、しっかりと体重を乗せて立ち、立位を保持します。その際、手すりや家具を引っ張って腕の力で立つのは後方へ転倒する危険があります。テーブルなど、手をついて立つほうが安全です。

足の裏への刺激は、骨芽細胞の形成を促し、脳の覚醒にもつながります。脳の覚醒は、日中のくらしを活性化します。

自律：Oさんの場合

足の裏がしっかり床につくよう、イスやテーブルをこれまでより低いものに買い替えました。

また、炊事などの立ち仕事のとき、流し台にもたれず、両足に均等に体重を乗せることを意識しています。

「10の基本ケア」を学んで、「足首が90度に曲がらないと立てない」というあたりまえのことに気がつきました。毎朝、足首やひざ、股関節をゆっくり動かしてから起きるようにしています。入院したときなど、寝たきり予防のためにもこの習慣を続けたいと思います。

3．トイレに座る

自立：トイレで排せつできます。

快適：排せつリズムを保持し、気持ちよく排せつしたいと思います。

安全：たとえ食事中でも、尿意・便意は我慢しないようにします。

規則正しい生活とバランスのよい食事が排せつのリズムを保ちます。

排せつに働く力を知り、排せつの筋力（座位力）を維持し、緩下剤に頼らないようにします（図表7-4）。

入院などでオムツになっても、自立して排せつできる可能性を追求します（あきらめない）。

自律：Pさんのお父さん

父の入院のとき、オムツはしかたがないと思いました。本人は嫌がりましたが、結局、寝たきりでオムツのまま亡くなりました。

その病院は、オムツがあたりまえで、排せつの自立を促すという雰

図表 7-4　自然な排便のための三つの力

1. 腹圧	座った姿勢は、お腹に力をかけやすく、寝たままにくらべて2倍の力（腹圧）がかかる。
2. 直腸の収縮	寝ている姿勢でも大きくは変わらないが、座った姿勢のほうが排便反射が起きやすく、排せつの姿勢に入りやすい。
3. 重力	寝ているときは便の重力を利用できないが、座ると十分利用できる。

出所：2020年度 講座「生協10の基本ケア」テキスト（大阪健康福祉短期大学福祉実践研究センター）

囲気はありませんでした。私にも、オムツを外す知識はありません。でも、早期に座位を保ち、拘縮を防ぐということを知っていれば、少なくとも寝たきりにはならなかったように思います。

オムツ外しは不可能ではない。この認識が、尊厳ある人生を全うしようとする意欲につながるのではないでしょうか。

オムツ替えより オムツ外し

オムツで排せつしたこと、ありますか。ちょっと勇気がいります。

排せつすると、生あたたかくて重たくて。このまま、食事だのレクリエーションだのといわれても……。

社会福祉法人協同福祉会の特養「あすなら苑」では、オムツが前提の介護をしません。入居者全員、オムツ外しに成功しています。下着の脱ぎ着は手伝ってもらっても、少々失禁しても、必ずトイレに座ります。トイレで排せつできると、利用者も自信を取り戻し、日常生活により意欲的になります。行動範囲も広がります。

職員も、オムツを素早く替える技よりオムツ外しに成功するほうが、よほど働き甲斐になります。

4．あたたかい食事をする

自立：自分のペースで食べることができます。

快適：楽しく、おいしく、好きなものを食べます。

安全：バランスのよい食事が低栄養や免疫力低下を予防します。

口を動かすことによってオーラルフレイルを予防し、嚥下機能を維持します。

日々の口腔ケアを欠かさないようにします。

自律：Qさんの口腔ケア

「1人だし、めんどくさいし……」を理由に、安易にインスタントですませないようになりました。

また、食べること、話をすることなど、口を動かす機会を減らさないよう、意識しています。オーラルフレイル予防です。

高齢になると、口の中に食べ物カスが詰まりやすくなること、歯と歯、歯茎と唇の裏側に挟まった食べ物カスが口の中で腐敗することもあると学びました。元気なときから歯ブラシはもちろん、その他の口腔ケアグッズにも慣れ、ていねいな口腔ケアを習慣にしようと思います。

食事の準備や調理は、マルチタスクです。栄養バランスを考え、メニューを決め、食材を選び、道具を使い……という段取りは、何より実践的な脳トレだと思います。それに、できあがったときの達成感、食べて満足、栄養補給と、いいことずくめです。

5．家庭浴に入る

自立：入浴、洗身・洗髪ができます。

快適：湯船に浸かってリラックスし、緊張をほぐし、自分のペースと方法で洗身・洗髪します。

安全：お風呂の前後に水分を補給し、脱水症状を予防します。

温湯と水圧は、血行改善、新陳代謝を促進します。シャワーや清拭だけでは、この効果は得られません。

狭くても足や背中で身体を支えられる湯船は、溺死予防にもなります。

お風呂での転倒予防に、すべり止めや適切な位置の手すりなど、福祉用具の検討が必要です。

ヒートショックに備えて、脱衣室との温度差を低減します。

自律：Rさんの場合

以前はシャワーだけでしたが、今は必ず湯船に浸かります。足の指を広げたり、筋肉や関節をほぐしたりしています。温泉が病気や傷を癒す湯治場だったというのも、わかるような気がします。お金と時間に余裕ができれば、温泉にも行きたいです。

出所：社会福祉法人協同福祉会にて著者撮影

6．座って会話をする

自立：座ったままで人と会話ができます。

快適：いつまでもおしゃべりを楽しみ、コミュニケーションがとれるようでいたいと思います。

安全：定期的に人と会話をする機会をもつことが大切です。

話す相手がいることは、孤独感や取り残された感、初老期うつ傾向を回避します。

会話（身振り手振りも）がセルフケアになります。相手がいるため相互ケアにもなります。

認知症のある人にも（落ち着いた環境での）会話が大切です。

自律：SさんとTさんのおしゃべり

親しい人との会話は、変化に気づく機会になりました。

SさんとTさんは長年の友人です。Sさんは、あるときからTさんとの会話に「なんか変？」と感じるようになりました。そこで、Tさんに認知症外来の受診を勧めたところ早期の診断につながり、すぐに介護保険の手続きができました。

認知症の知識がない人に、認知症外来を勧めるのはなかなか困難です。「ボケ扱いするのか！」と怒り出す人もいます。Tさんが抵抗なく認知症外来を受診できたのは、認知症について学んでいたからでした。今は、認知症カフェに楽しく通い、重度化予防中です。
ちなみに、認知症は、時間→場所→人の順で忘れます。ふだんから、季節、年月日、曜日、時刻、朝夕などを意識し合うようにしましょう。

7．町内におでかけをする

自立：1人で外出できます。

快適：外出には目的があります。自分の行きたいところへ行きたいと思います。

安全：「10の基本ケア」1.～6.までの知識と実践が外出を支えます。
特に、3.トイレに座るは、行動範囲を狭めずにすみます。
外出それ自体が大切です。要介護や認知症を理由に、家に閉じこもるのは逆効果です。
外出は、生活リズムの維持、社会性の保持、心身機能の活性化、介護予防、重度化予防につながります。
介護の相談に行くこともデイサービスなど介護事業所に行くことも大切な外出であり、地域のつながりの一つです。

自律：高齢者の教育・教養
教育とは、「今日、行くところがある」（きょういく）、教養とは「今日、用事がある」（きょうよう）という駄洒落。「行くところ」も「用事」も外出の目的です。認知症のある人も同じです。目的をもって外出します。「徘徊」という言葉は、今は使いません。

8．夢中になれることをする

自立：楽しみや夢中になれることがあります。

快適：夢中になれること、楽しめることを続けます。
やりたいことに集中して、自分なりの達成感を得たいと思います。

安全：楽しむ、笑うなどのポジティブな行動が集中力を生み、心身機能を活性化します。
「～したい」と心が動けば、自然と身体が動き、生きる意欲を維持、向上させます。
「～したい」と思う意欲を低下させないためにも、達成感を大切にします。

自律：ある雀荘の風景

「飲まない・吸わない・賭けない」がモットーの雀荘。元気な高齢者が集まって、麻雀を楽しみます。これも、「きょういく・きょうよう」。夢中になって雀卓で指を動かし、ワイワイ楽しくフレイル予防・認知症予防です。「また、明日も雀荘に行こう」という意欲を継続します。
同じように、スポーツ観戦も心と身体を動かします。応援しているチームが勝つと、「よっしゃぁ～！」と思わず立ち上がり、ガッツポーズしたりしていませんか。

9．ケア会議をする

自立：くらしのあれこれを自己決定できます。

快適：自分のペースで自分らしいくらしを続けます。
ケア会議では、自分の意思を明確に伝えたいと思います。

安全：自分が介護を受けるとき、ケア会議の主役は自分です。
ケア会議は、家族の要望をかなえる会議ではありません。家族に遠慮せず、自分の意思を明確に伝えることが重要です。
ケア会議は、介護サービスの組み合わせだけを決める会議ではありません。自分が人生の終盤をどうくらしたいかをベースに、重度化予防、要介護度改善につながるケアプランをともに考える会議です。

自律：Uさんの意思

Uさんのお父さんは、すべてケアマネジャーに任せきりでした。ケアマネジャーは、要介護認定の範囲内でサービスを組み合わせて提示し、書類にハンコをもらいに来るだけでした。「名ばかり」ケア会議です。

「私は最期まで自宅でくらします。施設には入りません。子どもたちとも同居しません」

本来のケア会議の意味を学んだUさん（要支援1）は、ケアマネジャーにも子どもたちにも、そう伝えました。

Uさんは、元気なときから地元の生協の学習会に参加し、終活もはじめていました。不用品の片づけ、銀行や保険にかかわる整理、パソコンやスマホのパスワードなど、離れてくらす家族にも伝えています。自分の意思を言語化したエンディングノートは、すぐ目につく場所に置いています。

10. ターミナルケアをする

自立：人生の最期に向けた準備を自己決定します。

快適：家族や親しい人、関係者に相談しながら、最期を迎える心地よい環境を整えます。

安全：自分の身体の場合、QOLの低下につながるリスクが何なのか、知っておきます。

病気の場合は、終末期の痛み・苦しみの有無や性質を知り、その低減や除去について知っておきます。自分の状態では、おおよそどこまでが救命でどこから延命なのかを学びます。

エンディングノートなどを準備し、書き込み、常に見直し、また書き込んでおくようにします。

自律：Vさんの気持ち

「私の義母は寝たきりで、管につながれ、口を半開きのまま亡くなりました。唇はもちろん、舌の先もカサカサになって割れるの。そうなるのは、絶対にイヤ。食べたり、飲んだりできなくなったら、枯れるように死にたいと思っています」

Vさんがこの希望を実現するためには、Vさん自身が望む最期をできるだけ言語化しておくことが大切です。そして、誰かにこのことを伝えておかなければなりません。
「そうよね。誰に、どうやって伝えるか。人って、死ぬまで人とのつながりが必要なんですね」

3　ふだんの暮らしを続ける

「10の基本ケア」は、足の裏が地面につかないと立てない・歩けない、重心を移動しないとイスから立ち上がれない、寝たままでは排せつしにくい、食事も会話も口を使わなければ衰える。そうした身体の自然な動きを知り、ふだんの暮らしに活かすケアスキルです。決して、介護職員だけのケアスキルにとどめる必要はありません。

また、用事（目的）があるから外出する、帰宅してホッとする、お腹が空いたら食事をとる、お風呂に入ってリラックスする、そして夜はぐっすり眠る、そうして暮らせることがいかに大切かを教えてくれます。決して、高齢者のためだけの「10の基本ケア」ではありません。

高齢者未満のときから身体の自然な動きやふだんの暮らしを意識できていればこそ、要介護になっても、自分にできること・できないこと、続けられること・続けられないことなど、よくわかるのではないでしょうか。そこに、自立・快適・安全・自律のサイクルを組み込み、介護を受けて、「with介護」で自立します。

「他人様のお世話になるなんて申し訳ない」と要介護者を恐縮させるような「お世話」を介護とは言いません、言いたくありません。

〈尊厳を護る・自立を支援する・在宅を支援する〉という考え方を貫きながら、さまざまな支援や介助を受けながら暮らす、その総体が介護です。

＊　＊　＊

自立とは、誰の力も借りないことではありません。いわゆる健常者も、必ず誰かの力を借りて暮らしています。誰かの労働とその成果に依存しなければ、ふだんの暮らしは成り立ちません。

食べるものも着るものも住むところも、すべて誰かの労働の成果に依存しながら暮らしています。目が悪くなればメガネを使います。足が不自由になると杖をついたり、車イスを使ったりするでしょう。料理が苦手な人は誰かがつくった食事をいただきます。買い物ができないときは宅配に頼むことも増えました。スマホも銀行も上下水道も、エネルギーも食材もトイレットペーパーも。

同じように、要介護になったら自分に必要な介護サービスに依存して暮らします。

高齢期を迎えれば、心身の機能は自然と弱まり、社会生活の範囲も狭まります。いつ、どんなタイミングで要介護になりターミナルを迎えるかわかりませんが、ちょっとした学びが人生の終盤を左右します。

介護のアレコレを学ぶ、これは立派な介護予防です。「with介護」で自立する備えです。

終章

あなたの介護は誰がする？

「あなたの介護は誰がする？」
この不安を拭うには、遠回りのようではあっても、〈介護職員が育つ社会環境〉を整えることではないでしょうか。少なくとも、介護を、自己責任、家族責任に追い込む状況では、〈介護職員が育つ社会環境〉の用意はできません。要介護高齢者をやっかい者扱いする感覚も、〈介護職員が育つ社会環境〉を用意できません。

高齢化率の伸長はまだまだ続きます。介護の問題は、今の若者の近未来です。ところが、若者には介護のネガティブイメージばかりが浸透し、介護職員の不足に拍車をかけています。国家資格である介護福祉士の養成は縮小の一途。「誰でもできる仕事」と蔑まれ、適切な人員配置も高いケアスキルも期待しにくい状態が続いています。
そんな状態を知る由もなく、「いずれ、施設かヘルパーに……」と思っていた家族は、無防備なまま介護当事者になり狼狽えます。結果、不本意な虐待や介護殺人、心中もあとを絶ちません。
それでも、多くの介護事業所・職員は踏ん張っています。尊厳を護り、自立を支援し、その人らしい暮らしを支える介護を実践しようと、労働環境の改善はもちろん、考え方やケアスキルを仲間にも利用者にも家族にも世間にも発信しています。私も、「10の基本ケア」という発信を受け取りました。そして今、発信しています。

最後に、介護をめぐる諸問題を少し整理してみました（図表8-1）。縦軸に社会と人々、横軸にFormalとInformalをとり、〈介護職員が育つ社会環境〉に向かう課題を考えてみたいと思います。

介護保険：社会×Formal

介護保険は、国民への周知が不足し、介護職員にも利用者にも使いにくい制度です。加えて、不十分な介護報酬、業務に見合わない処遇が現状をより深刻にしています。

図表 **8-1**　介護をめぐる 4 領域

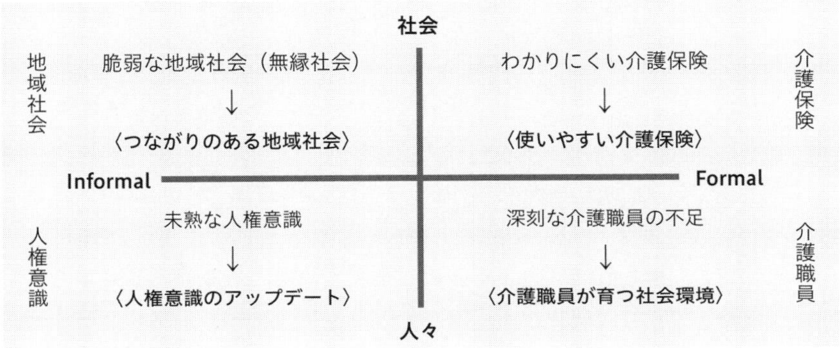

筆者作成

喫緊の課題は、介護報酬の引き上げと職員の処遇改善です。ただし、利用者や被保険者への負担をこれ以上増やさない制度設計が必須です。

さらに並走する課題として、二つあげておきたいと思います。

一つは、介護の専門職、特に介護福祉士養成の充実・強化が不可欠です。質の高い介護職員を多数育てない限り、どれほど制度が整えられ、周知されたとしても「絵に描いた餅」です。介護職員の確保・育成は、国の責務です。既存の介護福祉士養成校への助成はもちろん、国公立の高等教育機関にこそ介護福祉士養成課程を設置することが急務です。

もう一つは、介護保険の周知徹底です。誰にでも訪れる心身の老化、介護の考え方・ケアスキル、手続き、サービスの種類など、基本的な知識を誰もが共有できるような学習機会を公的に創設すべきです。多くの人々の学び合いが〈使いやすい介護保険〉を育て、〈介護職員が育つ社会環境〉を整えることにつながります。

地域社会：社会 × Informal

自治会（町内会）に入らない世帯が増え、管理組合が機能しないマンションがあります。近隣の関係を絶ち、ひとり暮らしの人々が無関係に存在する無縁社会、すべてを自己責任に帰すような絶縁社会、そんな脆弱な地域社会の広がりが懸念されます。

一方、介護は、否が応でも人と人とをつなぎます。介護は、地域包括支援センターをはじめ、関係機関や事業所に相談することからはじまります。相談も人と人とのつながりです。つながりを地域社会再生のチャンスととらえられないものでしょうか。介護職員は、そのキーパーソンになり得ます。

介護事業所を誰もが集える居場所にしたり、ひとり暮らしの訪問介護を充実したり、商店街で認知症カフェが開かれたり、買い物バスや移動店舗があったり、どこでも誰でも使えるトイレや入浴介助のある公衆浴場、人による案内の行き届いた銀行や役所、監視ではなく見守りなど、つながりの萌芽はいたるところにあります。小規模でも地域に根ざした介護事業所を護ることは、その地で暮らす人々のつながりを支えます。地域に根ざしたつながりの連鎖は、ひとり暮らしでも〈つながりのある地域社会〉をつくります。

人権意識：人々×Informal

要介護者（障害者）に対する潜在的差別意識、介護職員への職業差別、女性に偏る介護負担、「迷惑かけるから」と家族への遠慮を「美徳」にしてしまう高齢者など、たとえ悪意はないにせよ、ここには互いの基本的人権を護り合う、という視点が欠けています。この感覚は、介護職員の確保・育成にとって大きな障壁になっています。要介護者本人が「要介護＝迷惑」という感覚から脱しない限り、介護の仕事も迷惑処理業務に押しとどめられてしまいます。その人の権利を護る仕事へとアップデートできません。

〈介護職員が育つ社会環境〉に向かうには、介護の有無にかかわらず、誰であっても互いの基本的人権を護り合う感覚（意識、認識）の醸成、近代的な人権意識へとアップデートすることが求められます。そのクオリティは、要介護者と介護職員だけで実現するものではありません。すべての人々の〈人権意識のアップデート〉が土台です。〈介護職員が育つ社会環境〉には、この土台が不可欠です。

介護職員：人々 × Formal

〈わかりいくい介護保険〉〈脆弱な地域社会〉〈未熟な人権意識〉の悪循環を断ち切るには、介護事業所・職員の取り組むべき課題も多々あります。

喫緊の課題は、職員が辞めない職場づくりです。とりわけ、互いを大切にする介護職員、介護職員の「提供したい介護」と利用者の「受けたい介護」が呼応するサービスのあり方は、職場づくりの要になります。働き甲斐の源です。

施設・事業所を運営する法人にも労働環境の一層の改善が求められるでしょう。労働基準法の遵守徹底、適切なワークルール、柔軟な働き方、コンプライアンス、体系的研修、業務の標準化、ICT・DX化、トップダウンとボトムアップが機能する民主的な組織運営など、課題は山積みです。

さらに、介護をめぐる発信です。

利用者の要介護度改善、喜び合える仲間、自分らしく働ける職場、成長を感じる日々、地域の人々との交流など、介護のネガティブイメージを覆すエピソードは多々あるはずです。

〈使いやすい介護保険〉〈つながりのある地域社会〉〈人権意識のアップデート〉とともに、〈介護職員が育つ社会環境〉を実現するためには、介護職員のエネルギーの発露が不可欠です。

最後に〈介護職員が育つ社会環境〉に向かう課題を考えてみました。

ここまで述べてきたように、高齢者介護の職員不足は単純な人数不足ではありません。介護職員の不足に焦点をあてながらも、現代の働き方、家事・育児を含む暮らし方から、人が人を護るために人に手を差し伸べるケアという営みにも想いをめぐらすことになりました。

原始の昔、暮らすことが働くことであり、働くことが暮らしそのものだった人類にとって、ケアはどのような営みだったのでしょう。数百万年という長い歴史的時間を経て、人と人とのつながりのなかで紡ぎ、育んできた人間力のようなものではないでしょうか。ケアは、これから先も人類の歴史的時間を貫き続ける本質的な営みではないかと考えます。

近代以降、ケアは民主主義と基本的人権という人類の英知を携えた営みになり、多くの国々で社会保障という制度を構築するに至りました。にもかかわらず、世界中で戦争や紛争が繰り返されています。身のまわりにも、「生きづらさ」という言葉があふれるようになりました。

私たちが生きている今は、資本主義社会です。

立ち止まることのできない競争社会、暮らしを犠牲にしてまで働く経済の仕組み、21世紀にも残る前近代的な価値観や差別意識、貧富の差にとどまらない格差の拡大、家族責任・自己責任、孤独・孤立、無縁社会・絶縁社会…。新自由主義が跋扈し、ケアという人間力がどんどん削られているような気がします。

「あなたの介護は誰がする？」というこの問いは、このままの日本では生活難民になるかもしれない多数の老若男女を「いったい誰がケアするのか」という問いと同じではないでしょうか。

ヨボヨボした高齢者が街中にたくさんいてもいいと思います。認知症のある人が1人で散歩しても心配のない社会でありたいと思います。

病気があっても、障害をもっていても、妊娠中でも、子ども連れでも、お人好しでも、臆病でも、お金持ちじゃなくても、疲れていても、気持ちがへこんでいても、もちろん元気な人も、誰もが無理せず、「自然に生きられる社会」[1)]を希求します。

高齢者が多数を占める現代は、多くの人がケアを知り、学び、人間力の回復をめざす好機です。ケアのある社会は、きっと誰にでも暮らしやすい社会です。

1）ALS女性嘱託殺人（2024年3月5日京都地裁判決）をめぐる、ALS患者当事者の言葉です。

あとがき

本書は、以下の拙稿を再構成し、介護職員の不足に寄せた問題提起としてまとめたものです。引用した統計の数々はすぐに古くなるかもしれませんが、そこから読み取れる超高齢社会の難題はしばらく続きそうです。なお、本書も拙稿も登場する個人や法人は特定できないように配慮しています。

・「介護をめぐる諸問題―介護福祉士養成校の学生に見る貧困の諸相―」『いのちとくらし研究所報』54号（2016年3月）／「高齢者介護をめぐるワーク・ライフ・アンバランス」『いのちとくらし研究所報』58号（2017年3月）／「介護福祉士養成施設という社会資源―介護の担い手を地域で育む」『いのちとくらし研究所報』70号（2020年3月）／「介護事業所に求められる職員研修のあり方に関する調査研究（報告）」『いのちとくらし研究所報』83号（2023年7月）、以上、特定非営利法人 非営利・協同総合研究所いのちとくらし
・「協同福祉会の実践 ならコープ組合員の思いを携えて」『くらし福祉研究会報告書』（2018年5月）／「『生協10の基本ケア』がめざす老後、生協がめざす社会」『季刊 くらしと協同』第27号（2018年12月）／「高齢社会と生協の課題」『季刊 くらしと協同』第36号（2021年6月）／「購買生協は高齢期の生活を支えられるか？―生協10の基本ケアを合言葉にして―」『季刊 くらしと協同』第41号（2022年9月）、以上、くらしと協同の研究所
・「介護人材の不足―根底に横わたるネガティブイメージ」『国民医療』345号（2020年2月）、公益財団法人 日本医療総合研究所
・「コロナ禍以前から続く介護職員の不足を考える」『Int' lecowk』Vol.76 No.7 通巻1111号（2021年7月）公益財団法人 国際経済労働研究所
・「なぜ、『生協10の基本ケア®』に取り組むのか―介護の局面を変える組合員と職員の共同財産だから―」『Review and Research』医療福祉生協連 理論誌 Vol.35（2023年6月）、日本医療福祉生活協同組合連合会

私の限られた出会いや経験が中心で言葉足らずの本書ではありますが、ご一読いただければ幸いです。

謝　辞

本書執筆にあたり、クリエイツかもがわの岡田温実さんに心から感謝を申し上げます。かなりの無理難題を申し上げつつ、書籍ができあがるプロセスを楽しませていただきました。

また、「生協10の基本ケア®」の普及にともに取り組んだ一般社団法人全国コープ福祉事業連帯機構をはじめ市民生協、医療福祉生協のみなさま、「あすなら10の基本ケア®」を学ばせていただいた社会福祉法人協同福祉会のみなさま、各地の介護職員研修に取り組んだ大阪健康福祉短期大学付属福祉実践研究センターの先生方に、この場を借りて感謝申し上げます。

その他、多くの書籍や紙誌の記事を読んでは自身の未熟さを痛感し、大いに参考にさせていただきました。ありがとうございました。

私事ですが、筆者の日常を支えてくれた配偶者にも感謝します。

みなさまの高齢期が充実した人生でありますように。

2024年5月6日　　川口啓子

著者プロフィール

川口啓子（かわぐち けいこ）

1957年生まれ
1980年立命館大学産業社会学部卒業
同年～大阪府保険医協会事務局 勤務
1995年立命館大学大学院社会学研究科博士課程前期課程 修了
1999年東北大学大学院経済学研究科博士課程後期課程 修了
2002年～大阪健康福祉短期大学

大阪健康福祉短期大学 名誉教授
大阪よどがわ市民生活協同組合副理事長
社会福祉法人協同福祉会理事
尼崎医療生活協同組合理事

主な著書
『従軍看護婦と日本赤十字社—その歴史と従軍証言』文理閣（共著）2008年7月
『職場づくりと民主主義—仕組み・会議・事務』文理閣 2013年5月
『改訂版＋補稿 職場づくりと民主主義—仕組み・会議・事務』NPO法人オルト・クラブ 2017年10月
『老いる前の整理はじめます！—暮らしと「物」のリアルフォトブック』クリエイツかもがわ（共著）2019年8月

あなたの介護は
誰がする？
介護職員が育つ社会を

2024年 6月 30日　初版発行

著　者　©川口啓子
発行者　田島英二
発行所　株式会社 クリエイツかもがわ
〒601-8382　京都市南区吉祥院石原上川原町21
電話 075 (661) 5741　FAX 075 (693) 6605
ホームページ　https://www.creates-k.co.jp
郵便振替　00990-7-150584
装　丁　菅田　亮
印刷所　モリモト印刷株式会社

ISBN978-4-86342-370-1 C0036　Printed in Japan

定価表示

老いる前の整理はじめます！　暮らしと「物」のリアルフォトブック

NPO法人コンシューマーズ京都／監修　西山尚幸・川口啓子・奥谷和隆・横尾将臣編／編著

最期は「物」より「ケア」につつまれて――自然に増える「物」。人生のどのタイミングで片づけはじめますか？　終活、暮らし、福祉、遺品整理の分野から既存の「整理ブーム」にはない視点で読み解く。リアルな写真満載、明日に役立つフォトブック！　1650円

認知症になってもひとりで暮らせる

みんなでつくる「地域包括ケア社会」　社会福祉法人協同福祉会／編

医療から介護へ、施設から在宅への流れの中で、これからは在宅（地域）で暮らしていく人が増えていく。人、お金、場所、地域、サービス、医療などさまざまな角度から、環境や条件整備への取り組みをひろげる協同福祉会「あすなら苑」（奈良）の実践。　1320円

人間力回復　地域包括ケア時代の「10の基本ケア」と実践100

大國康夫／著

施設に来てもらったときだけ介護をしてればいいという時代はもう終わった！　あすなら苑の掲げる「10の基本ケア」、その考え方と実践例を100項目にまとめ、これからの「地域包括ケア」時代における介護のあり方、考え方に迫る。　2420円

まるちゃんの老いよボチボチかかってこい！

丸尾多重子／監修　上村悦子／著

兵庫県西宮市にある「つどい場さくらちゃん」。介護家族を中心に「まじくる（交わる）」場として活動を続けてきた著者が、ある日突然、介護する側から介護される側に！立場がかわってわかったことや感じたこと、老いを受け入れることの難しさ、大切さを語ります。　2200円

シェアダイニング　食とテクノロジーで創るワンダフル・エイジングの世界

日下菜穂子／著

超高齢社会における孤立・孤食の問題を背景に、食を通して喜びを分かち合い、個を超えたつながりをアートフルに生成する。リモート・対面の食の場での空間・道具・活動のデザインとそれを支えるテクノロジー開発の軌跡をたどる。　2200円

子ども・若者ケアラーの声からはじまる　ヤングケアラー支援の課題

斎藤真緒・濱島淑恵・松本理沙・公益財団法人京都市ユースサービス協会／編

事例検討会で明らかになった当事者の声。子ども・若者ケアラーによる生きた経験の多様性、その価値と困難とは何か。必要な情報やサポートを確実に得られる社会への転換を、現状と課題、実態調査から研究者、支援者らとともに考察する。　2200円

専門職としての介護職とは　人材不足問題と専門性の検討から

石川由美／著

2000年の介護保険制度の導入以降、「介護の社会化」として、介護は社会全体で担うものとされてきているにもかかわらず、なぜ人が集まらないのか。混沌とした歴史的な経過を整理しながら、業務の曖昧さと乱立した資格制度の現状を分析し、「介護職」の今後を展望する。　2420円